anti-douleur

Marie Borrel

D1355232

HACHETTE

1 »» 20 CONSEILS

sommaire

intro
écoutez
les signaux d'alarme

Tous les humains naissent de la même façon : dans un cri ! Et toute notre vie durant, nous avons à supporter périodiquement mal de tête et maux de ventre, mal au dos, aux hanches, aux reins… Faut-il faire taire la douleur à tout prix, en se ruant sur les premiers médicaments venus, ou faut-il la supporter stoïquement ?

La réponse est sans doute entre les deux. S'il est inutile de souffrir pour rien, on peut apprivoiser sa douleur, entendre ce qu'elle a à nous dire, et recourir aux nombreuses techniques qui permettent de la juguler en douceur. Histoire de garder les antalgiques puissants pour les moments où ils sont vraiment nécessaires et d'éviter leurs effets secondaires, parfois importants.

Un message à entendre

La douleur est toujours un message, un signal d'alarme. Il est dangereux de la masquer avant de savoir ce qu'elle veut nous révéler : accident, maladie… Une fois que le message a été entendu, il est inutile de continuer à souffrir. Cependant, elle tient bon la plupart du temps. Force est donc de s'attaquer directement à elle. Les traitements de la douleur, petite ou grande, se sont affinés depuis que l'on connaît mieux son fonctionnement. Il y a plusieurs types de douleurs : les douleurs externes dues à une agression au niveau des tissus ; les douleurs internes consécutives à une lésion ou à un dysfonctionnement organique ; les douleurs à composante psychologique, qui n'ont pas d'origine physiologique décelable. Prenons une douleur externe. Elle est provoquée par la stimulation des récepteurs sensoriels cutanés. Nous possédons des récepteurs du contact, du chaud, du froid, de la piqûre… Tous interviennent dans la sensation douloureuse.

Parcours balisé

Les récepteurs sensoriels envoient le message le long des nerfs jusqu'à la moelle épinière, en utilisant souvent des fibres nerveuses spécifiques. Lorsque la douleur est interne, le message ne part pas des organes eux-mêmes, qui sont insensibles, mais des tissus environnants qui sont l'objet de spasmes ou de distensions. Le trajet suivi est le même : la moelle épinière, puis le faisceau spino-thalamique et la grande gare de triage du thalamus. Là, la sensation se colore en fonction des souvenirs enregistrés. Elle parvient enfin au cortex : «Aïe!». Le tout n'a duré que quelques millièmes de secondes.

Cette description est simplifiée, bien sûr, car des systèmes de modulation existent, comme le *gate-control*, un ensemble de cellules spécialisées qui bloquent ou non le passage du message douloureux. Par ailleurs, une fois arrivés dans le cerveau, les messages douloureux peuvent être atténués par la sécrétion de neuromédiateurs, comme les endorphines. Ces substances produites par le cerveau ressemblent à s'y méprendre à la morphine et elles ont la même fonction. Certaines techniques permettent d'augmenter la production des endorphines.

Ce que nous avons de plus personnel

Même si nous pouvons passer des heures à tenter de décrire précisément notre douleur avec des mots, même si nous tentons de préciser son rythme, son intensité, sa couleur, nous ne pouvons pas la faire ressentir à un autre. Au-delà de son aspect biologique, la douleur constitue un écheveau d'angoisse, de peur, d'échos, de souvenirs personnels remontant à notre toute petite enfance.

Parfois même, la douleur n'est que souvenir, sans aucun support physiologique, comme ces douleurs «fantômes» qui persistent lorsqu'on ampute un membre malade. Chacun construit sa douleur à partir de son histoire personnelle et de sa culture. Au fil des années s'élabore aussi notre «seuil de résistance» à la douleur,

cette limite toute personnelle au-delà de laquelle la sensation douloureuse ne nous est plus supportable.

La douleur s'installe parfois durablement, jusqu'à devenir chronique. C'est le cas des migraines ou des douleurs rhumatismales. Elle risque alors de devenir un élément central autour duquel le reste de la vie s'organise. La vie de la famille tourne autour de la douleur d'un de ses membres, qui en fait le pilier de son mode relationnel.

Petite ou grande douleur ?

On ne prend pas en charge toutes les douleurs de la même manière. Il est clair que les douleurs intenses, dues à des accidents traumatiques, à des interventions chirurgicales ou à des maladies graves, demandent une prise en charge médicale sérieuse. Les moyens de lutter contre ces douleurs extrêmes ont considérablement évolué au cours des dix dernières années. Il en est de même des douleurs invalidantes, comme celle de la polyarthrite rhumatoïde.

Reste tout l'éventail des douleurs quotidiennes, chroniques ou passagères, avec lesquelles nous devons bien cohabiter. Si nous ne voulons pas nous bourrer de médicaments à la moindre migraine, au premier mal au ventre mensuel, à la plus petite courbature, nous pouvons avoir recours à des techniques plus douces mais… non moins efficaces !

comment utiliser ce livre ?

● ● ●   POUR VOUS GUIDER

> Des pictogrammes en bas de page vous aident à identifier toutes les solutions naturelles à votre disposition :

Phytothérapie, aromathérapie, homéopathie, fleurs de Bach : les réponses des médecines douces pour chaque situation.

Des exercices simples pour prévenir les problèmes en renforçant votre corps.

Les massages et manipulations au service de votre bien-être.

Toutes les clés pour découvrir des solutions dans votre alimentation.

Des astuces pratiques à adopter au quotidien pour prévenir plutôt que guérir.

Psychologie, relaxation, zen : des conseils pour faire la paix avec soi-même et retrouver la sérénité.

> Un programme complet pour résoudre tous vos ennuis de santé.

À vous de jouer !

Ce livre vous propose un programme qui vous permettra de faire la paix avec vos douleurs. Il est construit en quatre étapes :
• **Un test** vous permettra tout d'abord de faire le point sur vos douleurs.
• **Les 20 premiers conseils** portent sur les moyens de faire taire les petites douleurs quotidiennes : crampes, courbatures, maux de tête…
• **Les 20 conseils suivants** s'adressent au personnes qui souffrent de douleurs rhumatismales : arthrite, arthrose.
• **Enfin, les 20 derniers conseils** sont consacrés aux douleurs chroniques, celles qui se sont immiscées dans nos vies et dont nous ne pouvons plus nous défaire.

À la fin de chaque partie, une personne concernée témoigne de son expérience face à la douleur.

Vous pouvez suivre rigoureusement ce parcours guidé, en mettant en pratique les conseils l'un après l'autre. Vous pouvez également picorer ici et là les recommandations qui vous semblent particulièrement efficaces ou qui ont l'air plus proches de vos habitudes quotidiennes. Enfin, vous pouvez choisir de suivre les instructions en fonction de votre comportement et de vos habitudes. Maintenant, c'est à vous !

connaissez-vous vos douleurs ?

Lisez les affirmations ci-dessous et cochez la case « vrai » ou « faux » selon que vous êtes ou non concerné.

vrai	faux		vrai	faux	
vrai	faux	1. Le stress me donne mal à la tête.	vrai	faux	7. Je ne fais plus de sport à cause de mes douleurs articulaires.
vrai	faux	2. Mes genoux sont toujours douloureux.	vrai	faux	8. Ma vie de famille est rythmée par mes migraines.
vrai	faux	3. Je suis démunie quand mes enfants souffrent.	vrai	faux	9. J'ai horreur de l'ail !
vrai	faux	4. J'ai mal aux os dès que je fais un mouvement.			Si vous avez répondu « vrai » aux affirmations 1, 3 et 6, lisez de préférence les conseils **1** à **20**, qui sont les mieux adaptés à vos problèmes.
vrai	faux	5. Je prends souvent des médicaments anti-douleur.			Si vous avez répondu « vrai » aux affirmations 2, 4 et 7, allez directement aux conseils **21** à **40**.
vrai	faux	6. J'ai toujours eu des règles douloureuses.			Si vous avez répondu « vrai » aux affirmations 5, 8 et 9, rendez-vous d'abord aux conseils **41** à **60**.

1 >>>

>> **Mal à la tête** après un repas trop arrosé, **mal aux muscles** après un effort physique trop intense, **mal au dos** après une nuit sur un matelas trop dur…

>>> **Nous ne pouvons pas échapper aux petites douleurs** quotidiennes. Même si elles n'ont rien de grave, elles nous empoisonnent l'existence.

>>>> Le plus souvent, il est inutile d'avoir recours aux antalgiques pour en venir à bout. **Essayez d'abord les trucs de grand-mère** (cataplasmes, exercices respiratoires, bouillotte…) ; les plantes (reine-des-prés, gingembre…) ; les massages (des tempes, des pieds, etc.).

20
CONSEILS

01

On ne peut pas faire plus simple ni plus naturel :

quelques feuilles, un peu d'eau chaude,

un linge fin et une petite demi-heure de calme.

C'est souvent suffisant pour faire

disparaître les douleurs courantes...

redécouvrez les cataplasmes

À travers la peau

On imagine volontiers des vieilles dames aux bonnets de dentelle posant ces emplâtres tièdes sur les jambes douloureuses de leurs maris.
Les cataplasmes n'en ont pas moins conservé leur efficacité.
Le principe est simple : la chaleur du cataplasme dilate les pores et provoque une légère vasodilatation qui atténue la douleur (voir conseil 05). De plus, les principes

●●● POUR EN SAVOIR PLUS ─────

> Préparez une infusion très concentrée en mettant une bonne quantité de plantes dans un peu d'eau bouillante. Laissez infuser une dizaine de minutes.

> Filtrez le mélange pour évacuer l'excédent de liquide et malaxez pour obtenir une pâte. Si la plante a de grandes feuilles ou une texture très ferme, hachez-la grossièrement avant de commencer la préparation.

actifs contenus dans la plante passent à travers la barrière cutanée et sont transportés rapidement, via la circulation sanguine accélérée par la chaleur, jusqu'au siège de la douleur pour calmer l'inflammation.

À chaque plante son usage

Reste à bien choisir la plante. Certaines contiennent des composants plus efficaces pour des douleurs spécifiques.

• L'aspérule odorante a des vertus digestives et calmantes. En cataplasme, elle calme également les migraines. À appliquer sur les tempes ou sur la nuque.

• La camomille, dont on connaît les vertus antalgiques contre les maux de tête notamment, est efficace en cataplasme pour apaiser les douleurs musculaires.

• Le choux, utilisé depuis des siècles en application locale contre les rhumatismes (voir conseils 21 à 40), apaise aussi les maux de gorge en cas d'angine. À appliquer sur le cou.

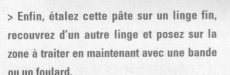

> Enfin, étalez cette pâte sur un linge fin, recouvrez d'un autre linge et posez sur la zone à traiter en maintenant avec une bande ou un foulard.

> Un cataplasme se garde au moins vingt minutes, l'idéal étant de le laisser refroidir en place.

EN DEUX MOTS

* Les cataplasmes sont efficaces pour soigner les petites douleurs.

* Aspérule odorante contre les maux de tête, camomille contre les douleurs musculaires, et choux contre les maux de gorge.

02 buvez un peu de café

On sait que le café, pris en quantité raisonnable, calme les migraines. Ce soulagement est dû à la caféine, qui agit directement sur certains récepteurs cérébraux. Le café peut de la même manière aider à calmer d'autres douleurs. Mais attention aux excès !

●●● POUR EN SAVOIR PLUS

> Tous les cafés n'ont pas la même teneur en caféine. L'arabica en contient environ 1 %, alors que le robusta, de saveur plus amère, peut aller jusqu'à 3 %.

> Quelle que soit votre tolérance à la caféine, il est déconseillé de dépasser 300 mg par jour, soit 4 à 5 tasses.

> Pour trouver votre dose idéale, notez toutes vos réactions, qu'elles soient positives (action contre la douleur) ou négatives (hyperexcitation,

Café, thé, chocolat…

Les grands migraineux boivent souvent leurs deux ou trois tasses de café quotidiennes, faute de quoi un étau vient rapidement leur enserrer les tempes. C'est que le café agit sur la migraine : d'abord, en provoquant une vasoconstriction rapide, ce qui permet de diminuer la pression à l'intérieur de la boîte crânienne ; ensuite, en agissant directement sur les messagers chimiques de la douleur et sur leurs capteurs cérébraux.

En fait, c'est la caféine qui est responsable de ces phénomènes, et c'est dans le café qu'on en trouve le plus. Mais il y en a aussi dans le thé, le chocolat, les boissons à base de cola…

À chacun sa dose

Cette action du café intervient dans les autres types de douleurs. En effet, la caféine, en se fichant dans certains récepteurs cérébraux (ce qui lui donne son action excitante), empêche les cellules

de recevoir d'autres messagers chimiques : ceux de la douleur, qui est en quelque sorte court-circuitée.

Attention cependant à ne pas en abuser. D'abord, le café n'a pas que des qualités. À trop fortes doses, il augmente le rythme cardiaque au point de provoquer de la tachycardie. Son effet excitant et vasoconstricteur est rapide, mais pas très long. Il peut être suivi d'un effet rebond qui provoque le retour de la douleur, parfois de manière plus forte.

Surveillez bien vos réactions pour trouver la dose quotidienne qui vous convient. Car chacun réagit à la caféine à sa manière.

insomnies…). **Vous verrez ainsi clairement le moment où les effets désagréables prennent le pas sur les effets bénéfiques.**

EN DEUX MOTS

* La caféine calme les migraines en provoquant un rétrécissement des vaisseaux dans le cerveau.

* Elle agit aussi sur les récepteurs cérébraux de la douleur.

* N'abusez pas du café.

03 épousez la reine !

C'est grâce à la jolie reine-des-prés et à l'écorce du vénérable saule, que l'on a découvert le plus consommé des antalgiques : l'aspirine. Ces deux plantes contiennent des salicosides, substances naturelles à partir desquelles on a fabriqué le célèbre médicament…

● ● ● POUR EN SAVOIR PLUS

> Pour soulager vos douleurs, essayez la reine-des-prés, en gélules ou en tisane. Comptez une cuillerée à café de fleurs pour une tasse d'eau bouillante, laissez infuser dix minutes. Vous pouvez boire jusqu'à 5 tasses par jour, de préférence loin des repas.

> Si vous préférez l'écorce de saule, comptez une cuillerée à soupe pour

La star des anti-douleurs

L'aspirine est l'antalgique le plus consommé dans le monde. Un comprimé d'aspirine calme les maux de tête, les douleurs articulaires, les maux de dents, les courbatures… Seulement certaines personnes supportent mal ce médicament chimique qui provoque des brûlures d'estomac et fluidifie le sang au point parfois d'entraîner des hémorragies. L'aspirine est d'ailleurs contre-indiquée pour les personnes souffrant d'ulcères à l'estomac.

Une alternative existe : il faut remonter aux sources pour retrouver les deux plantes à partir desquelles, au XIXe siècle, a été créée la première aspirine. Ce sont le saule et la reine-des-prés.

La belle fleur et le vieil arbre

On utilisait l'écorce de saule et la reine-des-prés pour soulager les douleurs et faire tomber les fièvres. En 1827, un pharmacien français, Leroux, s'intéressa à l'écorce de saule et y découvrit une substance active qu'il baptisa « salicine ». En 1840, un chimiste suisse, Löwig, trouva une substance proche dans la reine-des-prés et la nomma « acide salicylique ». C'est en copiant ces deux molécules naturelles que, des années plus tard, un laboratoire mit au point l'acide acétylsalicylique, composant de base de la célèbre aspirine.

Ce médicament, plus fortement dosé que les plantes dont il a été tiré, agit plus rapidement. Mais les plantes n'ont pas ses effets secondaires, grâce à la présence d'autres principes actifs qui régulent son action.

EN DEUX MOTS

∗ L'aspirine est l'antalgique le plus consommé au monde, mais il peut provoquer des effets secondaires.

∗ Si vous ne le supportez pas, tournez-vous vers la reine-des-prés et l'écorce de saule.

un gros bol d'eau froide, portez à ébullition et laissez frémir pendant deux minutes, puis laissez infuser dix minutes. 3 tasses par jour suffisent.

04 respirez à fond

La première chose à faire lorsqu'on se sent envahi par une sensation douloureuse, c'est de se calmer et de respirer à fond. Un organisme bien oxygéné supporte mieux la douleur. Focaliser l'attention sur le souffle la détourne de la souffrance...

Dans le corps...

Le contrôle respiratoire est au centre des techniques d'accouchement sans douleur, qui ont changé la vie des femmes dans le monde occidental. Ce principe est valable pour bien d'autres douleurs. En contrôlant la respiration, on détend les zones stressées, on améliore la circulation sanguine, on atténue les réactions inflammatoires...

● ● ● POUR EN SAVOIR PLUS ──────────

> Certains rythmes respiratoires sont plus efficaces pour faire baisser l'intensité de douleurs précises. Ainsi, une respiration calme et profonde a un effet rapide contre les douleurs amplifiées par le stress (migraines, douleurs dorsales dues à la tension...).

> À l'inverse, une respiration superficielle et haletante soulage les douleurs abdominales.

Sur un plan strictement physiologique, les modifications respiratoires entraînent la production dans le corps de substances différentes selon le rythme que l'on adopte. Si l'on respire à fond, calmement, amplement, on augmente l'oxygénation des cellules et la production d'hormones cérébrales apaisantes est améliorée.

... et dans le tête

Autre aspect primordial, en fixant l'attention sur le rythme respiratoire, on détourne le mental de la douleur. Or, on sait que l'intensité de la sensation douloureuse dépend en partie de facteurs psychiques. Le contrôle respiratoire joue donc un rôle de dérivatif. C'est une manière d'apprendre à moins souffrir et à modifier son seuil de tolérance.

La respiration est un outil simple et gratuit, que l'on transporte avec soi partout où l'on va ! On peut pratiquer quelques exercices où que l'on soit.

> Il existe aussi des cas précis, comme la spasmophilie. Les crises, qui ont une dimension douloureuse, sont calmées par la technique du sac : la personne atteinte doit inspirer et expirer dans un sac étanche (en plastique par exemple), car peu à peu, l'air s'y charge en gaz carbonique, lequel atténue la crise.

EN DEUX MOTS

* En contrôlant la respiration, on provoque la production de substances anti-douleur.

* Le contrôle respiratoire joue un rôle de dérivatif psychique.

* Selon le type de douleur, on doit choisir un rythme respiratoire différent.

05 prenez un coup de chaleur...

Une simple bouillotte ou un coup de sèche-cheveux calment naturellement certaines douleurs. Il suffit d'y penser !

Crispation maximum : localement, la chaleur décontracte les muscles, augmente le calibre des vaisseaux sanguins et accélère la circulation. Mais l'effet profond d'une bonne bouillotte est bien plus important. La chaleur permet d'évacuer les déchets et les toxines qui peuvent provoquer des sensations douloureuses (l'acide lactique dans les courbatures, par exemple). Enfin, elle active le fonctionnement hormonal en stimulant l'hypophyse. Celle-ci, par une série de réactions en chaîne, provoque un afflux de substances anti-inflammatoires sur la zone chauffée.

Crèmes et cataplasmes : pour réchauffer vos muscles endoloris ou vos articulations bloquées, vous avez le choix : soit la bonne vieille bouillotte, soit un bain d'air chaud (un sèche-cheveux fait parfaitement l'affaire). Il existe aussi des crèmes chauffantes, généralement à base de camphre ou de piment, qui provoquent une augmentation locale et superficielle de la température corporelle. Sans oublier les cataplasmes (voir conseil 01).

● ● ● POUR EN SAVOIR PLUS

> Prenez garde de ne pas vous brûler, car le remède serait pire que le mal. Une chaleur raisonnable est déjà thérapeutique. N'allez jamais au-delà de ce que vous pouvez supporter.

EN DEUX MOTS

* La chaleur constitue un excellent antidouleur.

* Bouillottes, cataplasmes ou bains d'air chaud soulagent les douleurs.

06 ... ou un coup de froid !

Certains préfèrent le froid. Et pourquoi pas ? La vieille poche à glace a encore de beaux jours devant elle.

Des bleus et des bosses : le froid a un effet inverse : rétrécissement des vaisseaux sanguins, ralentissement de la circulation, baisse de la tension ... Tout cela peut s'avérer utile pour soulager les douleurs des contusions, bleus et bosses. Lorsque vous subissez un choc local, les vaisseaux les plus fragiles éclatent et le sang se répand, ce qui provoque une ecchymose (bleu). En cas de choc violent, et dans certaines zones du corps (notamment les membres inférieurs), la circulation lymphatique est perturbée, ce qui peut causer un œdème (gonflement).

Contre les œdèmes : l'ecchymose est douloureuse au toucher et l'œdème augmente la souffrance par effet de compression. Le froid est souverain pour éviter ces troubles. En rétrécissant les vaisseaux, il diminue l'afflux sanguin et lymphatique dans la zone lésée, ce qui réduit les risques d'ecchymose et l'œdème. Un traitement utile aussi dans les entorses ou les foulures.

● ● ● POUR EN SAVOIR PLUS

> La poche à glace est le meilleur moyen pour produire localement du froid. Si vous n'en possédez pas, remplacez-la par un sac en plastique étanche.

> Vous pouvez aussi mettre des serviettes-éponges mouillées au réfrigérateur ou au congélateur et les utiliser comme compresses.

EN DEUX MOTS

* Le froid évite les ecchymoses et les œdèmes.

* Il est utile contre les douleurs des bleus, bosses, contusions, et il soulage les entorses et foulures.

C'est injuste, mais c'est ainsi : certaines femmes connaissent à peine les troubles menstruels, alors que d'autres souffrent chaque mois. Si l'on ne peut rien changer à ces différences, il est tout de même possible de soulager en douceur ces douleurs.

07

douleurs menstruelles : réagissez

Aspirine interdite

Les douleurs menstruelles sont dues aux variations hormonales qui provoquent les règles. Généralement plus violentes à l'adolescence, elles s'atténuent par la suite. Chez certaines femmes, elles disparaissent complètement, alors que d'autres les subissent jusqu'à l'arrêt total du cycle. Ces différences sont dues au statut hor-

● ● ● POUR EN SAVOIR PLUS

> Certaines plantes ont une action particulière sur la sphère gynécologique. C'est le cas notamment de l'achillée millefeuille. Cette plante a un effet antispasmodique et décongestionnant. De plus, elle est emménagogue, ce qui signifie qu'elle régule la venue des règles et leur déroulement.

> Elle se prend en gélules ou en tisane. Il faut compter 1 cuillerée à soupe de plante (fleurs, feuilles et tige) pour une tasse d'eau bouillante ; laissez infuser dix minutes. Trois tasses par jour loin des repas.

monal de chacune, à l'équilibre délicat entre œstrogènes et progestérone.

Dans tous les cas, il faut absolument éviter de prendre de l'aspirine, surtout si l'on a des règles abondantes, car ce médicament augmente le flux sanguin. Préférez le paracétamol, ou, mieux encore, les méthodes naturelles.

Bouillotte et granules

Les douleurs peuvent être très intenses, au point de provoquer des malaises. Il vaut mieux dans ce cas s'allonger et poser une bouillotte sur le ventre. La chaleur décongestionne la région pelvienne. Essayez de vous détendre et de respirer profondément (voir conseil 04). Si cela ne suffit pas, essayez l'homéopathie. Il vaut mieux consulter un médecin, car le choix du médicament dépend de nombreux facteurs. Ainsi, par exemple, selon que la douleur siège à droite ou à gauche, il faut prendre plutôt Belladonna ou Lachesis. Si elle est vraiment intolérable, c'est Chamomilla. Si elle se diffuse dans le bas du corps (cuisses, pubis…), on prescrit Sabina ; lorsqu'elle s'accompagne de sueurs froides, c'est plutôt Veratrum album.

EN DEUX MOTS

* Les douleurs menstruelles peuvent être intenses.

* L'aspirine est déconseillée, car elle augmente le flux sanguin.

* Préférez la bonne vieille bouillotte, un traitement homéopathique ou une cure de plantes.

08

dites non aux courbatures

La reprise d'une activité sportive a laissé des traces douloureuses dans vos muscles ? Vous avez trop forcé et vous êtes perclus de courbatures ? Chaleur et granules peuvent vous aider. Mais la prochaine fois, faites en sorte de les éviter...

La faute à l'acide lactique

Les courbatures qui apparaissent après un effort physique sont dues à l'accumulation d'acide lactique dans les muscles. Cet acide provient de la dégradation du glucose que vos muscles ont consommé. Lorsque les efforts ont été trop intenses ou trop brutaux, les muscles ont été obligés de consommer une grande quantité de glucose, et un surcroît d'acide lactique s'est accumulé.

●●● POUR EN SAVOIR PLUS ────────

> La meilleure façon de ne pas souffrir de courbatures, c'est encore de les éviter ! Voici quelques gestes indispensables.
> Buvez beaucoup d'eau avant et pendant l'effort, afin d'aider vos muscles à évacuer les toxines.
> Veillez à avoir une alimentation riche en minéraux : magnésium, calcium, potassium...

> Échauffez-vous pendant au moins dix minutes avant de faire un effort violent.
> Après l'effort, ne vous arrêtez pas brutalement. Faites quelques exercices d'étirement.

La première chose à faire pour aider le corps à se débarrasser rapidement de ce déchet, c'est de boire beaucoup d'eau (deux litres dans les 24 heures qui suivent l'effort). Vous pouvez aussi activer la transpiration grâce à une séance de sauna ou de hammam : l'acide lactique s'évacuera d'autant plus vite.

Il est enfin possible de masser les muscles avec un gel chauffant après l'effort : cela vous permettra d'éviter les courbatures du lendemain.

L'arnica : la plante qui soulage

Si vos muscles sont douloureux, c'est qu'ils ont subi une forme de traumatisme. Vous pouvez donc leur donner le médicament homéopathique que l'on utilise pour soigner les traumatismes : Arnica 5 CH (voir conseil 10). Effet garanti.

Surtout, recommencez à bouger en douceur. Les courbatures se manifestent après quelques heures de repos, lorsque le muscle est froid. Elles disparaîtront rapidement si vous réchauffez le muscle lentement. Pratiquez des étirements, puis des mouvements réguliers, sans forcer mais en insistant un peu, même si vous avez mal.

EN DEUX MOTS

* Les courbatures sont dues à un excès d'acide lactique dans les muscles.

* Pour l'évacuer, buvez beaucoup d'eau, offrez-vous un sauna, massez-vous et prenez de l'arnica.

09

soulagez vos crampes

Plus douloureuses que les courbatures, les crampes peuvent survenir à n'importe quel moment. Elles sont souvent dues à une carence nutritionnelle. Pour les éviter, faites des cures de minéraux. Rien ne vaut les massages et les étirements pour vous en débarrasser.

Étirements, chaleur, massages…

Les crampes sont des crispations involontaires des muscles, des spasmes qui peuvent être très douloureux. Elles sont dues à une accumulation de déchets dans les fibres musculaires, ainsi qu'à un manque d'oxygénation des cellules.

Si vous avez une crampe, la première chose à faire est d'essayer d'étirer doucement le muscle crispé. La chaleur peut

● ● ● POUR EN SAVOIR PLUS

> Les crampes cachent parfois une maladie plus grave. Si vous avez souvent des crampes sans raison apparente, consultez un médecin.

> Un début de phlébite par exemple (inflammation d'une veine), peut se manifester par une crampe. Certaines pathologies nerveuses peuvent aussi se signaler sous cette forme.

> Les crampes sont plus fréquentes pendant la grossesse. Elles cessent spontanément après la naissance.

vous y aider (compresse chaude, bain, sauna…). Lorsque le muscle est détendu, massez-le afin de l'aider à évacuer les déchets qui l'encombrent. Le massage permet aussi d'accélérer la circulation sanguine, ce qui améliore l'oxygénation et l'alimentation des cellules.

Potassium, magnésium, calcium…

Les carences minérales et vitaminiques peuvent aussi provoquer des crampes. Le trio de choc : magnésium, potassium et calcium. Le magnésium est indispensable à la transmission des messages entre les cellules nerveuses. Le potassium régularise l'excitation neuromusculaire. Le calcium joue également un rôle régulateur au niveau du système nerveux. Si vous êtes sujet aux crampes, faites une cure d'un mélange de ces trois minéraux pendant un mois (500 mg de calcium, 400 mg de magnésium et 1 g de potassium).

On trouve aussi ces minéraux dans le poisson, la volaille, les pommes de terre (potassium) ; dans les légumes et les fruits secs, le chocolat, les figues (magnésium) ; dans les laitages, les épinards, les choux, le soja (calcium).

EN DEUX MOTS

* Les crampes sont des crispations involontaires des muscles.

* Pour les soulager, étirez le muscle crispé, prenez un bain chaud et massez la zone endolorie.

* Pour les éviter, faites une cure de calcium, magnésium et potassium.

10

ayez le réflexe arnica

S'il est une plante qu'il faut toujours avoir chez soi, c'est bien l'arnica. On peut l'utiliser sous diverses formes : granules homéopathiques, teinture-mère, pommade, gel… Elle est incomparable pour éviter les bleus, les bosses… et les douleurs qui vont avec.

Ne l'avalez pas !

Hildegarde de Bingen, célèbre religieuse versée dans l'usage des simples, cita les vertus de cette fleur dès le Moyen Âge. De fait, l'arnica empêche la formation des bleus et des bosses si on l'applique tout de suite, elle ralentit leur évolution et accélère leur disparition lorsqu'on l'applique plus tard. Elle contient une

●●● POUR EN SAVOIR PLUS ─────────

> Il existe de nombreux produits à base d'arnica, en vente en pharmacies et parapharmacies : gel, pommade…
> Vous pouvez utiliser directement la teinture-mère en compresses. C'est une dilution hydralcoolique que l'on trouve aussi en pharmacie.

> Pour préparer vous-même votre teinture : mettez 100 g de fleurs séchées dans un demi-litre d'alcool à 60° et laissez macérer pendant dix jours. Remuez vigoureusement le flacon avant de filtrer. Conservez dans un flacon opaque.

huile essentielle, de la résine, des tanins, mais aussi des lactones et des flavonoïdes. Autant d'éléments qui expliquent son action externe : cicatrisante, anti-inflammatoire, astringente.

Mais attention : l'arnica peut être très toxique en cas d'ingestion. Elle peut notamment entraîner des troubles neurologiques graves. Contentez-vous donc de l'appliquer sur les zones meurtries.

Contre les bleus de l'âme

L'homéopathie fait aussi une large place à l'arnica. Le médicament à base de dilution d'arnica soigne, selon le degré de dilution (de 5 CH à 30 CH), les bleus du corps ou ceux de l'âme.

Un exemple : vous faites une chute violente dans l'escalier ; vous avez eu très peur de vous briser un membre. Vous vous en tirez avec de gros bleus sur tout un côté et une bonne montée d'adrénaline. Prenez tout de suite Arnica 5 CH pour éviter les bleus et Arnica 15 CH pour calmer la peur, et éviter qu'elle ne vous marque sur le plan émotionnel. Dans les moments de grand choc émotionnel, une dose d' Arnica 30 CH aide à mieux gérer la souffrance.

EN DEUX MOTS

* L'arnica est connue depuis le Moyen Âge pour son action sur les bleus et les bosses.

* On peut l'utiliser sous diverses formes.

* Le médicament homéopathique soulage les bleus du corps ou ceux de l'âme.

11

**écoutez
les plaintes
de vos enfants**

Longtemps, la douleur des enfants
a été mésestimée. Les temps ont changé,
heureusement ! Quelques conseils
pour mieux les aider à cerner
leur souffrance et à la soulager.

Dès les premiers jours…

Les bébés font très tôt l'expérience de la
souffrance. La faim leur est douloureuse,
ainsi que les coliques digestives. Puis
viennent leurs premières dents, avant les
bobos des premiers pas. Les parents
sont souvent désarmés. Par ses cris, le
bébé n'exprime ni la localisation ni l'ampleur de la sensation. Plus tard, même
lorsqu'il sait parler, l'enfant a encore bien

●●● P O U R E N S A V O I R P L U S ─────────

> Si votre enfant a peur du médecin, du dentiste,
du vaccin… préparez-le avant la visite.
Expliquez-lui ce qu'on va lui faire et pourquoi.
Même s'il s'agit d'un bébé qui ne comprend pas
les mots, il saisira la bienveillance de votre ton.
À condition, bien sûr, que vous ne soyez pas
aussi angoissé que lui, voire davantage !

> Il existe des crèmes ou des patchs
anesthésiants conçus pour éviter aux
enfants la sensation désagréable des
petits gestes médicaux, notamment
les piqûres. Très efficaces sur le moment, ils font baisser le niveau d'angoisse pour la visite suivante.

des difficultés à mettre en mots sa douleur. Et pourtant il faut la prendre en compte, faute de quoi il risque de fuir les sensations de son corps. À l'âge adulte, des troubles peuvent se manifester : boulimie (on ne sent plus la faim ni la satiété) ; frigidité (on ne sent pas la moindre jouissance physique) ; problèmes relationnels...

Petit bobo ou grande douleur ?

Première règle : écouter et accepter la douleur de votre enfant. S'il en rajoute, il sera bien temps par la suite de rétablir une relation plus juste. Mais ne mésestimez jamais d'entrée la douleur de l'enfant qui se plaint.

Ensuite, lui apprendre à mesurer l'intensité de sa douleur. Au départ, les enfants ont beaucoup de mal à ressentir la différence entre le petit bobo et la grande souffrance. À la douleur elle-même se mêlent d'autres éléments : la peur, la surprise, l'angoisse, le désir de communiquer... C'est en lui proposant des points de comparaison, qu'il pourra peu à peu exprimer plus justement les messages de son corps.

EN DEUX MOTS

* Les bébés font très tôt l'apprentissage de la douleur : faim, coliques, poussées dentaires...

* Il ne faut jamais mésestimer leur souffrance, mais en parler sereinement avec eux.

12 mettez-vous à la diète

Un corps qui souffre a besoin d'être mis au repos. Une journée de bouillon et de tisanes fera le plus grand bien à votre système digestif...

De la tête aux pieds : une journée de diète n'effacera pas comme par enchantement toutes vos douleurs, mais elle peut soulager rapidement vos maux de tête et vos douleurs d'origine digestive. Attention cependant : certains maux de tête s'amplifient pendant les premières heures de la diète, avant de se calmer. Ne vous alarmez pas.

Pour le reste, la mise au repos du système digestif aide l'organisme à se débarrasser des toxines qui l'encombrent, ce qui apporte un soulagement aux douleurs musculaires aussi bien qu'aux douleurs rhumatismales (voir conseils 21 à 40).

Soupe et jus frais : sans vous astreindre à un jeûne complet, profitez d'un week-end ou d'une journée de congé pour rester au lit, dans le calme, en mangeant de la soupe légère ou du bouillon, des jus de fruits frais, des tisanes drainantes (romarin, thym, piloselle…). Évitez les matières grasses et les protéines. Et surtout, buvez beaucoup : au moins un litre et demi d'eau ou de tisane dans la journée. Reprenez ensuite progressivement une alimentation normale, en réintégrant un à un les aliments.

● ● ● POUR EN SAVOIR PLUS

> C'est le moment idéal pour changer vos habitudes alimentaires. Après votre journée de diète, essayez d'abandonner fritures, charcuteries et sucre raffiné, ainsi que les excitants : alcool, tabac…

EN DEUX MOTS

* Une journée de diète met le système digestif au repos.

* Cela suffit pour soulager certaines douleurs d'origine digestive et pour aider l'organisme à mieux gérer les autres.

13 croquez du gingembre

Le gingembre n'est pas seulement un tonique réputé et un aphrodisiaque efficace. C'est aussi un antidouleur méconnu.

Action directe ! Le gingembre est une plante originaire d'Orient dont on consomme la racine. Pour les Chinois, c'est un dessert. Pour les Indiens, c'est une épice très prisée. Dans tous les pays asiatiques, c'est une plante médicinale majeure que l'on utilise pour son action tonifiante, digestive, circulatoire et aphrodisiaque. Des études ont montré récemment que le gingembre agit directement sur la douleur en inhibant la production par l'organisme de substances impliquées dans le trajet de l'information douloureuse, notamment les prostaglandines.

À boire et à manger Cette plante peut se consommer fraîche. On trouve dans tous les supermarchés de la racine de gingembre que l'on peut râper sur les salades et les potages, frotter sur des croûtons grillés ou cuisiner avec des légumes, des poissons, des viandes blanches.
Vous pouvez aussi préparer la racine râpée en infusion (une cuillerée à café pour un demi-litre d'eau bouillante, à laisser infuser dix minutes) ou en jus (mélangé avec de l'eau, du miel et du citron).

● ● ● ● POUR EN SAVOIR PLUS

> Le gingembre a une action préventive et curative sur la douleur.
> Si vous êtes sujet à des douleurs récurrentes (migraines, douleurs articulaires...), vous pouvez en consommer tous les jours, en variant les préparations.

EN DEUX MOTS

* Le gingembre agit directement sur l'information douloureuse.

* On peut le consommer en infusion, dans les plats et même en jus.

14

apaisez les tensions

Le stress est un grand amplificateur de la douleur. Dans les situations stressantes, notre corps sécrète quantité de neurohormones qui bouleversent l'équilibre biochimique du corps, accentuant la sensation douloureuse. De plus, le stress nous fragilise et modifie notre seuil de résistance.

Toujours trop !

Beaucoup d'entre nous sont toujours au bord de la rupture. Nous voudrions allonger les journées, nous nous occupons du travail, des enfants, des parents, de la maison… Et nous oublions de nous occuper de nous-mêmes.

Pourtant, l'excès de stress est un amplificateur, voire un déclencheur de douleur. Lorsque nous sommes ainsi soumis

●●● POUR EN SAVOIR PLUS

> Pour éviter le trop-plein : apprenez à prendre du temps pour vous.
> Planifiez chaque semaine une place dans votre emploi du temps pour vous faire plaisir : cinéma, hammam, lèche-vitrine, promenade dans la nature ou cours de danse…

> Accordez-vous des pauses de détente. Un bain aux huiles essentielles, par exemple, peut devenir un vrai moment de plaisir.

à des pressions trop fortes, notre mental et notre corps s'adaptent en accentuant la production d'hormones qui interfèrent avec les messagers de la douleur : le petit mal de tête latent ou le mal au dos naissant prennent d'un coup toute leur ampleur.

Les maux du stress

Le stress peut aussi provoquer directement des troubles douloureux. Les brûlures gastriques, par exemple, peuvent être dues uniquement à un « trop-plein » de tension, tout comme les crises de colite.
Le stress perturbe l'équilibre délicat entre les deux branches du système nerveux autonome (celui qui gère nos fonctions organiques) : le sympathique et le parasympathique. Le premier joue un rôle d'accélérateur, et le second celui de frein.
Le stress appuie trop fortement sur l'accélérateur et certaines fonctions organiques se dérèglent. Bien des migraines sont ainsi consécutives à un excès de stress.
Enfin, le stress perturbe le fonctionnement du système immunitaire et augmente le risque de contamination microbienne. L'herpès, par exemple, ou le zona se réveillent souvent pendant les périodes de stress. Et ils sont douloureux, eux aussi !

 EN DEUX MOTS

* Pour s'adapter à l'excès de stress, le corps sécrète des hormones qui accentuent les messages douloureux.

* Le stress peut aussi déclencher des douleurs.

* Apprenez à vous détendre.

15

apprenez à vous détendre

Le mal est là ? Calme et repos peuvent encore vous soulager. Cherchez un coin tranquille, allongez-vous dans l'obscurité et le silence, et profitez-en pour pratiquer l'une des nombreuses techniques de relaxation.

Conditions *sine qua non*

Mal au dos ou mal aux muscles, mal de tête ou mal au ventre, notre premier réflexe d'animal blessé est de chercher un coin calme et sombre où nous aurons enfin la paix. C'est un réflexe tout à fait salutaire. Le but : échapper au stress ; fuir les stimulations sensorielles perturbantes (bruit, lumière trop vive) ; mettre fin aux mouvements douloureux...
Vous voilà au calme pour une poignée de minutes : c'est le moment de pratiquer quelques exercices respiratoires (voir

●●● POUR EN SAVOIR PLUS

> Lorsqu'on les pratique auprès d'un thérapeute bien formé, les techniques de relaxation ont des effets puissants. Elles peuvent s'avérer aussi efficaces que les médicaments.

> On peut ensuite les intégrer à la vie quotidienne et les pratiquer dès qu'on en ressent le besoin.

conseil 04) pour ancrer la relaxation en vous. Cette petite retraite peut s'avérer suffisante pour faire refluer un mal de tête ou des douleurs de règles légères. Mais il faut parfois avoir recours à une vraie technique de relaxation.

Les chemins de la relaxation

Plutôt que de parler de « la » relaxation, nous devrions plutôt dire « les » relaxations, tant il existe de techniques différentes pour nous amener au même but. Toutes utilisent des outils communs : la respiration, mais aussi la détente musculaire ou la concentration mentale… Chacune propose ensuite son propre cocktail : certaines mettent l'accent sur la posture du corps ou la détente musculaire, la relaxation mentale venant de surcroît ; d'autres font le chemin inverse et travaillent sur les images mentales pour provoquer une détente à la fois psychique, physique et émotionnelle.

> Certaines techniques orientales comme le yoga ou le qi gong ne sont pas à proprement parler des méthodes de relaxation, bien qu'elles reposent sur des postures, des exercices respiratoires et de la concentration mentale. Elles sont, elles aussi, efficaces contre la douleur.

EN DEUX MOTS

∗ Pour vous détendre, essayez de vous isoler.

∗ Si cette retraite n'est pas suffisante, utilisez l'une des nombreuses techniques de relaxation.

16

**faites-vous
pétrir**

Les massages cumulent plusieurs qualités :
détente des muscles crispés, relaxation
du corps et l'esprit, stimulation des points
énergétiques… Ils sont efficaces contre
la douleur sous toutes ses formes. Se faire
masser régulièrement est aussi une prévention.

Dans le monde entier

Les massages font partie de toutes les
traditions du monde. En Europe occiden-
tale, ils ont échappé au cadre quotidien
pour devenir médicalisés : jusqu'à la fin
du siècle dernier, les kinésithérapeutes
étaient les seuls habilités à pratiquer des
massages, sur prescription médicale.

● ● ●   P O U R   E N   S A V O I R   P L U S

> Il n'y a pas d'âge pour se faire masser. En Inde,
on masse les bébés dès les premiers jours, puis
les enfants massent les parents et les grands-
parents, qui les massent à leur tour…
> Massez vos enfants et demandez-leur de
vous masser les jambes, la nuque, les épaules
et échangez des gestes de détente.

> Les personnes âgées apprécient
beaucoup les massages. Souvent,
elles n'ont plus de contact physique.
Le simple fait d'être touchées est pour
elles d'un grand réconfort.

C'était maintenir cette pratique dans un cadre trop étroit ! On trouve aujourd'hui des personnes qui pratiquent les massages thaï, japonais, ayurvédique, marocain, chinois… Chaque culture a développé des gestes particuliers et des huiles de massages spécifiques. En Inde, on masse avec des huiles végétales chaudes alors qu'au Maroc, on masse après qu'un bain de vapeur ait assoupli la peau.

Contre toutes les douleurs

Qu'importe ! Les douleurs musculaires et posturales sont rapidement améliorées par les gestes de pétrissage, effleurages, pressions, percussions… Les douleurs liées à une accumulation de toxines dans l'organisme (maux de tête, rhumatismes…) sont soulagées par le drainage lymphatique. Celles qui sont liées à des problèmes circulatoires se calment avec les massages qui relancent la circulation sanguine.
Enfin, les massages ont une dimension émotionnelle importante. Outre qu'ils détendent et aident à chasser le stress, ils font parfois affleurer à la conscience des émotions enfouies, sources d'autres souffrances, psychiques celles-là !

EN DEUX MOTS

* Les massages font partie de toutes les traditions du monde.

* On peut aujourd'hui en France se faire masser de multiples manières.

* Les massages soulagent tous les types de douleur.

17

massez vos tempes

Mal à la tête ? Un petit massage immédiat, peut vous soulager. Le visage est une zone très richement vascularisée et innervée. Les massages faciaux ont ainsi une répercussion rapide sur la circulation sanguine et sur la tension nerveuse.

Une question de fatigue

Les maux de tête peuvent avoir des causes très différentes, bien qu'ils se manifestent tous peu ou prou de la même façon. Que l'on ait mal aux tempes ou au front, aux orbites ou dans la moitié du crâne, on a mal !
Certaines grandes migraines résistent aux traitements courants et demandent une prise en charge médicale sérieuse.

● ● ● P O U R   E N   S A V O I R   P L U S

> Vous pouvez améliorer l'effet de ces massages en utilisant un mélange de 10 ml d'huile de germe de blé et de 10 gouttes d'huile essentielle de camomille ou de menthe poivrée.

> L'huile essentielle de lavande est aussi efficace contre les douleurs. Comme elle n'est pas irritante, vous pouvez l'utiliser en concentration plus forte (20 à 30 gouttes dans 10 ml d'huile de base).

> Choisissez toujours des huiles essentielles de bonne qualité, 100 % pures et naturelles, bio de préférence.

Vérifiez auprès d'un médecin que vos migraines ne cachent pas une maladie plus grave, surtout si elles sont persistantes. Le petit mal de tête passager que tout le monde connaît ne résiste pas à un massage.

Vous pouvez effectuer ces massages vous-même ou les faire pratiquer par un proche. Mais installez-vous au calme et respirez profondément pour relâcher la tension. Ils n'en seront que plus efficaces. Si vous êtes au bureau ou dans l'autobus, effectuez discrètement quelques gestes rapides qui vous soulageront.

Effleurez puis appuyez

Le simple fait de masser l'ensemble du visage soulage les maux de tête en accélérant la circulation sanguine et en apaisant les tensions. Procédez d'abord par effleurements, puis appuyez légèrement en dessinant des petits cercles du bout des doigts. Si vous avez la nuque raide, massez aussi le bas du crâne et la zone cervicale. Quelques points sont à stimuler tout particulièrement : la zone située entre les sourcils et l'extrémité extérieure des sourcils, sur les tempes. Procédez plus fermement, en appuyant avec la pulpe des doigts.

EN DEUX MOTS

* Les massages du visage atténuent les maux de tête.

* Si vous avez la nuque raide, massez aussi la zone cervicale.

* Insistez sur les points situés entre les sourcils et sur les tempes.

18

faites des pieds et des mains

Pour soulager vos douleurs, stimulez des points situés sur les mains et sur les pieds. C'est le principe de la réflexologie, une technique énergétique tout droit venue d'Orient. Repérez bien les points qui vous concernent, vous en aurez sans doute besoin...

La carte du corps

La réflexologie s'intéresse tout particu-lièrement à nos mains et à nos pieds. Elles comportent en effet des zones réflexes, sortes de miroirs du corps tout entier. Lorsqu'un de nos organes fonc-tionne mal, sa zone réflexe devient ten-due, douloureuse au toucher. On peut relancer le fonctionnement de l'organe en la stimulant.

En ce qui concerne les douleurs, il faut donc stimuler les zones correspondant à leur localisation. Mais attention : pas n'importe comment. Il faut effectuer des pressions fermes, du bout du doigt, de préférence avec le pouce, parfois avec les quatre autre doigts réunis.

Les zones à traiter

• Si vous avez des douleurs dorsales ou cervicales, stimulez le dessous du gros orteil.

• Si vos douleurs sont de type sciatique, massez la plante du pied, près du talon.

• Si vos hanches sont douloureuses, stimulez plutôt la zone située juste sous l'os de la cheville, à l'extérieur du pied.

• Les douleurs dentaires cèdent à un massage effectué au-dessus des quatre petits orteils.

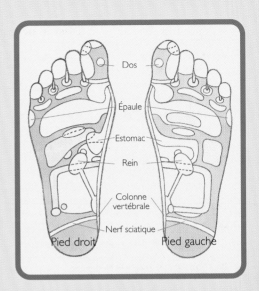

Dos
Épaule
Estomac
Rein
Colonne
vertébrale
Nerf sciatique
Pied droit   Pied gauche

> D'autres points sont situés sur les mains : la statique vertébrale sur tout le bord externe, les ovaires sur le bord externe du poignet, les organes digestifs dans le creux de la paume...

EN DEUX MOTS

∗ En massant des points précis sur vos mains et vos pieds, vous pouvez soulager certaines douleurs.

∗ C'est le principe de la réflexologie, technique orientale très simple à pratiquer.

19

tenez-vous droit !

Les douleurs du dos, de la nuque ou des épaules viennent souvent de mauvaises positions. La colonne vertébrale ne peut pas amortir seule tous vos mouvements. Faites attention lorsque vous vous baissez ou que vous vous asseyez. Vous éviterez bien des douleurs...

Douleurs posturales

On les nomme posturales parce qu'elles sont dues uniquement à nos mauvaises habitudes. Elles siègent dans la zone dorsale (nuque, épaules, dos, lombaires) car le plus souvent, c'est notre colonne vertébrale que nous mettons à mal avec nos mauvaises positions.
Si vous n'utilisez pas vos jambes et vos abdominaux pour réaliser certains mou-

●●● POUR EN SAVOIR PLUS

> Si vous n'arrivez pas à trouver la bonne posture tout seul, faites-vous aider par un thérapeute professionnel.
> Les kinésithérapeutes, les ostéopathes, les chiropracteurs savent manipuler les colonnes vertébrales. Ils peuvent aussi vous donner des conseils précieux.

> Certaines thérapies corporelles comme la méthode Feldenkrais, la technique Alexander, la méthode Mezières peuvent se révéler très efficaces, lorsqu'elles sont pratiquées par des thérapeutes bien formés.

vements, votre dos risque de trinquer. Pour savoir si vous avez une bonne posture, commencez par vous déshabiller et vous regarder, nu, debout, dans un miroir : de face, vos chevilles et vos genoux se touchent-ils, vos épaules sont-elles dégagées ? De profil, vos reins sont-ils creusés, vos omoplates sont-elles saillantes ?

Statique juste, mouvement juste

Toutes ces informations sont révélatrices de votre statique. Si vous êtes cambré, apprenez à basculer votre bassin vers l'avant et à rentrer le ventre. Si vous avez les épaules crispées, apprenez à les détendre.

Retrouver une bonne statique permet ensuite d'adopter des mouvements adéquats : plier les genoux pour se baisser ou ramasser un objet lourd à terre ; utiliser les abdominaux autant que les muscles dorsaux pour tirer ou pousser. Enfin, veillez à vos chaussures : portez des souliers confortables, pas trop serrés, et surtout évitez les talons de plus de 5 cm. Idem pour le choix du lit : évitez les couchages trop mous, préférez un sommier et un matelas fermes.

EN DEUX MOTS

* Certaines douleurs sont dues à une mauvaise posture ou à des mouvements erronés.

* Pour les éviter, il faut apprendre à corriger sa statique.

* Faites-vous au besoin aider par un thérapeute spécialisé.

20 oubliez votre douleur

Qu'elle soit aiguë ou lancinante, la douleur est vite obsédante. On ne pense qu'à ça ! Et plus on y pense, plus ça fait mal…

Effet d'ampli : la douleur possède une dimension psychique et émotionnelle importante. La même sensation ne vous fera pas souffrir de la même manière selon le moment, le lieu, votre état émotionnel, votre disponibilité…
Si votre enfant vous échappe et risque de passer sous les roues d'une voiture, vous courrez pour le rattraper même si vous souffrez d'une cheville foulée. Vous aurez oublié votre douleur. À l'inverse, plus vous êtes focalisé sur votre douleur, plus elle s'amplifie.

Plus facile à dire qu'à faire : pour la faire refluer un peu, essayez de ne plus y penser. Après un moment de détente et de calme (voir conseils 14 et 15), trouvez une activité que votre douleur ne contrarie pas : allez au cinéma si le mouvement vous fait souffrir, allez faire les vitrines si la position assise vous est pénible, invitez-vous chez un(e) ami(e)… L'essentiel est de vous distraire, de faire diversion afin de ramener votre douleur à des proportions plus supportables.

● ● ● POUR EN SAVOIR PLUS

> Évitez les activités solitaires. Il est plus facile d'oublier son état lorsqu'on est en compagnie.
> Préférez les activités de groupe, avec des personnes que vous aimez et qui sauront se montrer compréhensives si vous préférez arrêter.

EN DEUX MOTS

* Plus vous focalisez votre attention sur la douleur, plus elle vous grignote.

* Pour éviter cela, essayez de vous distraire.

point de vue

« J'ai toujours eu des règles douloureuses. Lorsque j'étais adolescente,
c'était terrible ! Mais ça n'intéressait
pas beaucoup les médecins. Ils me
disaient que c'était normal, qu'on
n'y pouvait pas grand-chose. J'ai
donc fini par m'y habituer, d'autant
qu'avec les années et les grossesses, la souffrance
s'est atténuée. Mais depuis cinq ans, à l'approche sans
doute de la ménopause, je recommence à souffrir
beaucoup pendant la première journée de mes
règles. J'ai donc décidé de trouver moi-même une
parade à cette douleur récurrente. Quand je la sens
arriver, je m'allonge un moment dans le noir avec une
bouillotte sur le ventre et je bois une infusion de mil-
lefeuille. Dès que cela se calme un peu, je sors, je vais
au cinéma ou voir une expo, ça me change les idées.
Le lendemain matin, j'ai encore le ventre un peu
lourd, mais la douleur est beaucoup moins intense.
Un massage avec de l'huile essentielle de sauge
(deux gouttes à peine dans un peu d'huile d'onagre)
finit de me soulager. »

21 »»

»» **Hanches, genoux, coudes, épaules**... Nos articulations sont souvent le siège de nos douleurs. Qu'il s'agisse d'arthrite ou d'arthrose, elles s'installent souvent durablement. Il faut apprendre à « vivre avec ». Cela ne signifie pas qu'on ne peut rien contre elles, au contraire.

»» »» **Plantes, alimentation, massages peuvent nettoyer** les articulations et diminuer les phénomènes inflammatoires.

»» »» »» **Oligoéléments, sport, yoga ralentissent l'usure** des cartilages et combattent la douleur. Enfin, dans tous les cas, les recettes traditionnelles (argile, sauna) prouvent leur efficacité.

40
CONSEILS

21

êtes-vous arthrite ou arthrose ?

Nos articulations sont de délicats mécanismes qui s'usent et s'abîment au fil du temps. S'ensuivent deux grandes familles de douleurs rhumatismales : les arthrites et les arthroses. Les premières sont inflammatoires, les autres dégénératives.

Un sacré boulot !

Une grande partie des 206 os de notre squelette possède une articulation. Là où un os touche son voisin, son extrémité est couverte de cartilage, un tissu conjonctif riche en eau qui le protège de l'usure. Les deux extrémités osseuses en contact sont reliées par des ligaments qui permettent une certaine mobilité à l'articulation. L'ensemble forme une cavité tapissée de la membrane synoviale qui sécrète la syno-

●●● POUR EN SAVOIR PLUS ────────

> Le cartilage permet aux os de résister à la friction et de résister à la compression.
> Le cartilage se renouvelle sans cesse : ses cellules, les chondrocytes, fabriquent de la matière neuve et dégradent la matière usée. Lorsque la production de matière neuve ralentit, le cartilage s'use et l'arthrose apparaît.

vie, un liquide lubrifiant facilitant le glissement des extrémités osseuses.

À chacun de nos mouvements, nous sollicitons plusieurs articulations. Avec le temps, elles finissent par s'abîmer. Apparaissent alors les douleurs rhumatismales.

Chaud ou froid ?

Il existe deux grandes familles de rhumatismes : l'arthrite, inflammation de l'articulation, qui peut être aiguë ou chronique et survient à n'importe quel âge. L'articulation est enflée, rouge, chaude au toucher. La douleur est permanente, même la nuit. L'arthrite touche les poignets, les pieds, parfois les ver-

tèbres. Pour soulager la douleur, il faut calmer l'inflammation.

L'arthrose, plus répandue, correspond à une usure du cartilage qui ne peut plus assumer son rôle. La douleur se manifeste au mouvement. L'arthrose touche volontiers la hanche, le genou, la colonne vertébrale... Pour la calmer, il faut freiner l'usure du cartilage et aider l'articulation à se lubrifier. Elle peut se compliquer d'arthrite avec le temps, car les tissus de l'articulation usée finissent par s'enflammer.

> Si vous avez mal aux articulations le matin au réveil : c'est plutôt de l'arthrite. Si vos articulations sont de plus en plus douloureuses au fil de la journée : c'est de l'arthrose.

22 faites du sport !

Le sport n'est pas contre-indiqué en cas de douleurs articulaires. Au contraire ! L'effort physique entretient les articulations et retarde les effets dégénératifs de l'arthrose. Il soulage aussi l'inflammation de l'arthrite.

●●● POUR EN SAVOIR PLUS

> Les sports en piscine sont particulièrement indiqués car l'eau soutient le corps qui se trouve ainsi libéré d'une partie de son poids. Les articulations en sont soulagées, ce qui permet de les solliciter davantage.

> La natation comme l'aquagym favorisent un travail global et harmonieux qui sollicite toutes les articulations et tous les muscles. Les sports aquatiques sont très efficaces sur le plan respiratoire et cardio-vasculaire.

Usure naturelle

Si vos articulations vous font souffrir, commencez par... bouger ! L'exercice physique fait du bien aux articulations, même lorsqu'elles sont en mauvais état. Un entretien physique régulier permet à tous les éléments de la statique de conserver une bonne condition : muscles, tendons, ligaments... Ainsi que l'os lui-même puisque l'exercice physique ralentit les processus dégénératifs osseux de l'ostéoporose.

C'est d'autant plus important que les douleurs articulaires s'amplifient avec l'âge. On sait que muscles, os et cartilages perdent naturellement de leur qualité à partir de 40 ans, au rythme de 1 à 2 % par an au minimum. L'exercice ralentit cette perte.

Pas d'excès

Il ne faut pas confondre cet exercice physique d'entretien avec la compétition de haut niveau. Mesurez bien vos efforts.

> **En règle générale, on conseille au moins deux séances de 40 minutes minimum par semaine.**

L'exercice ne doit pas être douloureux ni désagréable.

• Si vous avez toujours fait du sport, vous connaissez votre rythme de croisière. Continuez.

• Si vous désirez vous y mettre, consultez un médecin pour choisir le sport adapté aux troubles articulaires. Tous les sports qui impliquent un déséquilibre du corps, comme le tennis, sont à éviter, surtout si vous souffrez du dos, de l'épaule, du coude ou des genoux. Préférez les sports qui font travailler le corps tout entier, en souplesse et en douceur : vélo, marche à pied... Allez-y doucement au début, pour habituer vos articulations au mouvement.

EN DEUX MOTS

∗ Une activité physique régulière permet aux os, aux muscles, aux tendons et aux ligaments de rester en bon état.

∗ Choisissez un sport complet (vélo, marche ou natation).

23 essayez des cataplasmes d'argile

La chaleur du cataplasme et l'effet absorbant de l'argile se complètent pour soulager les douleurs articulaires.

Depuis la nuit des temps… L'argile, c'est la terre et l'eau, mélangées comme aux premiers jours de l'humanité pour soigner et soulager. L'argile possède un fort pouvoir absorbant : elle capte les déchets qu'elle rencontre. Or, les articulations douloureuses sont souvent chargées de déchets métaboliques qui accentuent le processus douloureux. Cependant, la pâte d'argile libère certaines particules minérales qui pénètrent à travers la peau et se fixent sur les tissus sous-jacents. Ainsi, l'articulation est à la fois nettoyée et rechargée en minéraux.

Chaud ou froid ? Sur une articulation qui donne des signes d'inflammation, il vaut mieux poser un cataplasme froid, alors qu'un cataplasme chaud sera plus efficace dans les autres cas.

Pour préparer votre pâte, versez de la poudre d'argile dans un bol et ajoutez de l'eau en remuant jusqu'à obtenir une pâte homogène, juste assez souple pour pouvoir l'étaler. Puis procédez comme pour un cataplasme de plantes (voir conseil 01).

● ● ● POUR EN SAVOIR PLUS

> Pour cet usage, la couleur de l'argile importe peu : verte, jaune, rouge, blanche… L'essentiel est qu'elle soit de bonne qualité et qu'elle n'ait pas été séchée au four mais au soleil.

EN DEUX MOTS

∗ L'argile calme les douleurs en nettoyant l'articulation et la recharge en minéraux.

∗ Préférez les cataplasmes froids sur les articulations enflammées.

24 buvez beaucoup d'eau

Il faut boire de l'eau, encore et toujours… Y compris pour lutter contre les douleurs articulaires.

Pas moins d'un litre : pour les naturopathes, l'apparition des rhumatismes est toujours liée à un excès d'acides dans le corps, notamment l'acide urique. Pour éliminer ces déchets métaboliques, il faut boire de l'eau. La dose couramment conseillée (un litre et demi par jour) n'est pas une norme, c'est une moyenne. Ce qui signifie que vous pouvez boire plus ou moins en fonction de votre métabolisme. Cependant, il faut boire avant d'avoir soif, et pas moins d'un litre par jour.

Changez souvent : choisissez une eau moyennement minéralisée, ou changez régulièrement votre eau. Ainsi, vous serez sûr d'absorber tous les minéraux dont vos articulations ont besoin. Sans oublier qu'en mangeant sain et en buvant beaucoup d'eau, vous conserverez un poids raisonnable. Or, toute surcharge pondérale pèse sur les articulations et leur demande un effort supplémentaire.

● ● ● POUR EN SAVOIR PLUS

> Évitez les eaux riches en sodium (plus de 150 mg par litre).
> Préférez celles qui ont un bon taux de magnésium et de calcium.
> Il ne faut pas confondre les eaux de source et les eaux minérales. Seules les secondes ont une composition minérale vérifiée et sont déclarées d'intérêt public pour leurs vertus thérapeutiques. Alors lisez bien les étiquettes.

EN DEUX MOTS

* Les douleurs articulaires sont dues en partie à une accumulation de déchets dans les articulations.

* Buvez régulièrement beaucoup d'eau.

25

chassez les acides

Les déchets qui encombrent les articulations sont dus en grande partie à un excès d'acides de toutes sortes. Cette hyperacidité latente finit par provoquer une inflammation qui touche les articulations. Pour l'éviter, surveillez votre alimentation.

Équilibre acido-basique

Les acides sont naturellement produits par notre organisme. Le plus célèbre : l'acide urique. Pour les neutraliser, nous fabriquons des substances alcalines. L'équilibre entre ces deux pôles (équilibre acido-basique) est essentiel à notre santé. Lorsque les acides l'emportent sur les bases, certains troubles se manifestent, dont les rhumatismes.

● ● ● P O U R   E N   S A V O I R   P L U S

> La production d'acides par le corps est d'autant plus importante que la digestion est lente, difficile ou paresseuse.
> Une cure d'artichaut aidera votre foie et relancera la production de bile.

> Mettez du thym et du romarin dans vos plats : le premier prévient les fermentations intestinales, le second améliore l'activité de l'estomac.

Si les reins ne font pas bien leur travail d'élimination, ou si l'on ne boit pas assez d'eau, les acides s'accumulent, notamment dans les articulations. Des bases tentent alors de les neutraliser : ce sont le calcium, le magnésium, le potassium… D'où l'importance de l'apport minéral alimentaire.

Des sels et de l'eau

Si nous parvenons à produire suffisamment de substances alcalines pour neutraliser tous les acides, ceux-ci se dégradent en produisant de l'eau et des sels. Or, ces sels eux aussi sont néfastes pour les articulations, où ils se fixent et dont ils irritent les tissus. Pour briser cette chaîne, il faut surveiller son alimentation.
Contrairement aux douleurs dues au stress qui peuvent être soulagées par des doses raisonnables de café (voir conseil 02), les douleurs articulaires sont améliorées lorsque l'on supprime les excitants (café, thé, chocolat…), car leur digestion produit beaucoup d'acide urique. Il convient en outre de diminuer sa consommation de viande rouge, laquelle produit aussi des substances acides.

EN DEUX MOTS

* Surveillez votre consommation de viande rouge et d'excitants.

* Pensez aux plantes : artichaut, thym, romarin…

26

mangez futé

Vos articulations aiment particulièrement
certains aliments : les fruits et légumes
pour les vitamines et les minéraux, notamment
les antioxydants ; les aliments drainants…
Il vaut mieux en éviter certains,
comme les épinards ou certaines céréales…

Bouclier anti-radicaux libres

Comme tous les autres tissus organiques, ceux qui constituent nos articulations ont besoin d'être protégés
contre les méfaits des radicaux libres,
ces « molécules folles » qui accélèrent le
vieillissement tissulaire. Veillez donc à
avoir une alimentation suffisamment riche
en antioxydants afin de préserver vos
articulations de l'usure du temps.

●●● POUR EN SAVOIR PLUS

> Parmi les aliments à éviter, ceux qui
contiennent des oxalates qui freinent l'assimilation du calcium (épinards, rhubarbe,
betteraves…).
> Évitez aussi les pains sans levain, comme la
pita grecque, car ils contiennent des phytates

qui piègent le calcium et le magnésium dont vos articulations ont besoin.
> Certains naturopathes conseillent
d'éviter le blé, le maïs, l'avoine et le
seigle car ces céréales pourraient
provoquer des crises d'arthrite.

Les principaux antioxydants sont la vitamine A (carottes, abricots, melon, poivron rouge…) ; la vitamine E (fruits secs, huiles végétales crues…) ; la vitamine C (agrumes, kiwis…) ; le sélénium (poisson, germe de blé…). La tomate contient aussi un antioxydant majeur : le lycopène. Vous pouvez la consommer crue ou cuite. N'ayez pas peur de son acidité : elle affecte assez peu l'équilibre acido-basique.

Calcium et magnésium

Vos articulations ont besoin de calcium, indispensable à la solidité du tissu osseux. Consommez de préférence des dérivés du soja (lait, crème, fromage), ainsi que les autres aliments riches en calcium (amandes, sardines en conserve, cresson, chou…).

Pensez aussi aux végétaux diurétiques, qui aideront votre corps à éliminer les déchets (asperges, céleri) et à ceux qui apportent du magnésium (fruits secs, pommes, eau minérale), indispensable pour fixer le calcium. Enfin, en automne mangez du raisin : c'est un draineur rénal hors pair et il contient des antioxydants spécifiques capables de freiner l'action des enzymes qui rigidifient les cellules du cartilage.

EN DEUX MOTS

* Mangez des agrumes, des tomates, des fruits secs…

* Surveillez vos apports en calcium et magnésium.

Ces petits « plus » culinaires sont parfois très efficaces pour calmer les inflammations articulaires.

Du curcuma… Dans la médecine traditionnelle indienne, on utilise le curcuma en applications locales pour soulager les douleurs inflammatoires. Cette épice jaune, disponible dans tous les supermarchés, inhibe la formation de certains médiateurs inflammatoires et augmente la production de cortisol, anti-inflammatoire naturel. Mais pour que le curcuma soit efficace, il faudrait en absorber de grandes quantités : jusqu'à 400 mg trois fois par jour !

… à l'oignon : même s'il ne s'agit pas vraiment d'un aromate, l'oignon est souvent utilisé chez nous pour parfumer les plats. Il contient beaucoup de quercétine, un antioxydant naturel qui bloque les processus inflammatoires et améliore les défenses naturelles. Une consommation régulière d'oignons, crus ou cuits, suffit pour enrayer certaines manifestations douloureuses.

En plus, n'hésitez pas à ajouter chaque jour à votre alimentation du thym, du romarin, de la coriandre, de la marjolaine, de la sauge, du laurier, de la sarriette, du persil, des baies de genièvre. Toutes les plantes aromatiques ont des vertus anti-rhumatismales.

● ● ● POUR EN SAVOIR PLUS

> **N'oubliez pas le gingembre (voir conseil 13). Des études ont montré l'action spécifique de ses gingéroles sur la polyarthrite rhumatoïde (à raison de 20 g par jour).**

EN DEUX MOTS

* Le curcuma exerce une action protectrice contre l'inflammation.

* L'oignon fait la force !

28 consommez des huiles de poisson

Nutriments indispensables pour éviter les douleurs articulaires : les acides gras essentiels. Notamment ceux du poisson.

Qualité maximum : les carences en acides gras essentiels perturbent les articulations à deux titres. D'une part, elles provoquent une rigidification des cellules ; d'autre part, elles entraînent des réactions de type inflammatoire. Si vous souffrez de douleurs articulaires, veillez à absorber des acides gras essentiels en quantité. À condition de les choisir de bonne qualité.

Des huiles en gélules : fuyez les graisses animales (viande grasse, beurre, crème…). Préférez les huiles végétales (olive, soja, noix…) et les poissons gras (saumon, maquereau…) car ils contiennent des acides gras insaturés. Consommez les huiles crues, car certains acides gras résistent mal à la chaleur.

Les poissons gras contiennent deux acides gras particuliers : DHA et EPA. Ils agissent sur l'inflammation en se transformant en prostaglandines. Il est donc intéressant d'en consommer régulièrement.

● ● ● POUR EN SAVOIR PLUS

> Deux huiles végétales sont particulièrement riches en acides gras anti-inflammatoires : l'huile d'onagre et l'huile de bourrache. On les prend sous forme de gélules.

> Si vous ne voulez pas manger de poissons gras tous les jours, faites des cures de gélules d'huile de poisson trois ou quatre fois par an.

EN DEUX MOTS

∗ Consommez des huiles végétales crues.

∗ Faites des cures d'huile de poisson, d'onagre ou de bourrache en gélules.

29

drainez votre organisme

Pour évacuer régulièrement ses déchets, votre organisme a parfois besoin d'un petit coup de pouce. Vos articulations se porteront d'autant mieux si vous faites de temps en temps une cure de plantes drainantes.

Feuilles de cassis

Un petit coup de pouce n'est jamais à dédaigner lorsqu'on parle de drainage. Nos organes d'élimination ont fort à faire, à longueur d'année, pour nous débarrasser des déchets cellulaires, mais aussi de ceux qui sont dus à la pollution, au stress, aux erreurs alimentaires, au tabac... Pour soutenir leur action, rien ne vaut les plantes.

● ● ● POUR EN SAVOIR PLUS

> Une mention particulière pour la prêle, qui est à la fois diurétique et reminéralisante ; elle est aussi légèrement anti-inflammatoire, ce qui n'est pas à dédaigner lorsque l'on souffre de rhumatismes.

> On trouve de la prêle en gélules ou en ampoules d'extrait liquide. En tisane, elle se consomme à raison de 10 g pour un grand bol d'eau ; faites bouillir une demi-heure.

Le cassis est le grand ami des articulations fragiles et douloureuses. Ses baies fraîches stimulent la croissance du cartilage. Ses feuilles, en infusion, ont une action diurétique : elles accélèrent l'élimination des déchets par les reins, notamment l'acide urique. Et comme il facilite la digestion, il diminue le risque de déséquilibre acido-basique (voir conseil 25). Comptez une cuillerée à café de feuilles séchées pour une tasse d'eau bouillante ; laissez infuser dix minutes avant de boire (4 tasses par jour).

Fleurs de bruyère

La bruyère possède une action diurétique particulièrement intéressante pour les personnes souffrant de rhumatismes. Les fleurs de bruyère accélèrent l'élimination de l'acide urique, de l'urée et de l'acide oxalique. À prendre en cures de trois semaines, à raison de 4 tasses par jour. Comptez une cuillerée à soupe pour une tasse d'eau bouillante ; laissez infuser 10 minutes avant de boire.

Vous pouvez aussi profiter de deux grandes plantes drainantes qui ont une action plus globale sur l'élimination rénale : l'orthosiphon (en gélules) ou la piloselle (25 g pour un gros bol d'eau bouillante ; laissez infuser 10 minutes).

EN DEUX MOTS

* Pour éliminer les déchets, pensez aux plantes.

* Le cassis et la bruyère sont deux diurétiques particulièrement utiles.

30

faites-vous suer !

La transpiration, phénomène naturel,

permet d'accélérer l'élimination des déchets.

Sauna ou hammam, choisissez votre formule.

Qu'elle soit humide ou sèche, la chaleur

provoque une sudation salutaire.

Mais attention aux contre-indications.

Un peu, beaucoup, passionnément…

Certains d'entre nous transpirent dès qu'elles font un effort ou que la température s'élève d'un ou deux degrés, alors que d'autres ne parviennent pas à se débarrasser de la moindre parcelle d'eau par les pores de leur peau.

Les premiers sont beaucoup mieux lotis que les seconds, même si une transpiration abondante n'est pas toujours agréable à vivre, car la peau est l'un des

●●● POUR EN SAVOIR PLUS

> La chaleur humide du hammam est moins efficace que la chaleur sèche du sauna pour transpirer. Cependant, certaines personnes la supportent mieux. Si c'est votre cas, choisissez un hammam traditionnel qui possède plusieurs salles de température différente.

Vous pourrez ainsi aller progressivement vers la salle la plus chaude.
> Une séance de sauna est courte, mais elle doit être suivie par une plage de repos, allongé, enveloppé dans un peignoir.

grands organes émonctoires, avec les reins, le foie, les poumons et l'intestin. Si vous avez du mal à transpirer, essayez de vous rééduquer en pratiquant progressivement le sauna de manière régulière.

Une valse à trois temps

On sait que les habitants des pays nordiques ont inventé le sauna pour soigner les pathologies articulaires. Dans un premier temps, la chaleur soulage la douleur. Puis, la sudation entraîne une accélération de l'élimination. Enfin, le repos favorise un retour à la normale du métabolisme.

Le sauna ne doit pas être exagérément chaud ni, surtout, trop long. Allez-y progressivement si vous n'en avez pas l'habitude. Mieux vaut rester trois à cinq minutes dans la cabine lors des premières séances, puis augmenter la durée petit à petit. Le sauna est contre-indiqué en cas d'hypertension ou de troubles cardio-vasculaires.

> Une séance de hammam est plus longue : pendant une heure, voire deux, vous pouvez vous faire gommer, masser, envelopper d'argile, ce qui contribue à accélérer l'élimination des toxines.

 EN DEUX MOTS

✳ Le sauna permet d'éliminer les déchets métaboliques, sauf en cas d'hypertension ou de troubles cardio-vasculaires.

✳ La chaleur humide du hammam est moins efficace, mais certaines personnes la supportent mieux.

31

faites des cures de glucosamines

Il n'y a pas si longtemps, la science affirmait que les cartilages usés ne se reconstituaient pas. Ce n'est plus tout à fait vrai ! Les glucosamines relancent la production de cartilage, au point parfois de restaurer naturellement les articulations endommagées.

Un nouvel espoir

L'arthrose peut devenir invalidante lorsque les cartilages atteignent un degré élevé d'usure. Autrefois, la seule solution était l'intervention chirurgicale (prothèse ou arthroplastie). Aujourd'hui, un espoir éclaire l'avenir des arthrosiques. Il ne s'agit pas vraiment d'un médicament, mais d'un complément alimentaire naturel à base de glucosamines.

● ● ● P O U R   E N   S A V O I R   P L U S ──────────

> En France, on trouve des produits à base de glucosamines dans les pharmacies, les parapharmacies ou les boutiques de diététique.
> Le traitement est plus efficace s'il associe glucosamines et chondroïtine.
> Selon leur formule, les produits peuvent avoir des effets spectaculaires sur certaines personnes et nuls sur d'autres. Si au bout d'un mois vous ne voyez aucun changement, changez de produit. Mais si vous constatez une amélioration, même minime, persévérez.

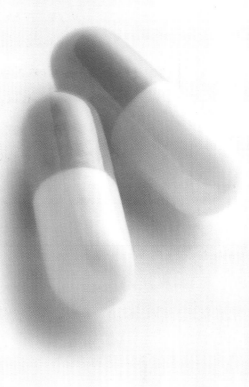

Malheureusement présent en quantité infime dans l'alimentation, ce nutriment naturel stimule la croissance des cellules du cartilage. On l'associe généralement à la chondroïtine, un autre nutriment rare qui freine la destruction naturelle du cartilage.

Des résultats encourageants

En Espagne, en Italie et au Portugal, on utilise ces produits depuis les années 1980 avec des résultats très encourageants. Plusieurs études ont révélé que 80 % des symptômes disparaissent après seulement trois semaines de traitement : douleurs, perte de mobilité... sont confirmées par des examens radiologiques montrant une reconstitution parfois spectaculaire du cartilage.

Cependant, pour que le cartilage se reconstitue, il faut qu'il reste suffisamment de cellules. Lorsque l'usure est trop importante, les résultats sont décevants. Mais dans les cas d'arthrose naissante ou moyenne, tous les espoirs sont permis. Attention cependant : l'amélioration n'est pas immédiate (deux semaines environ) et elle peut être précédée d'une période d'aggravation des troubles.

EN DEUX MOTS

* Les glucosamines relancent la production de cartilage.

* La chondroïtine freine sa dégradation.

* Ensemble, ils peuvent atténuer les douleurs d'arthrose en quelques semaines.

32

essayez la griffe du diable

C'est **LA** plante contre les douleurs rhumatismales. L'*harpagophytum* pousse dans le désert du Kalahari, en Afrique. Sa racine soigne à la fois l'arthrose et l'arthrite, car elle est anti-inflammatoire et prévient l'usure du cartilage.

La racine magique

Elle pousse au sud de l'Afrique, dans le désert du Kalahari, où on l'appelle la griffe du diable. En Occident, on lui préfère son nom botanique : *harpagophytum*. C'est sa racine qui intéresse surtout les rhumatisants. Ce gros tubercule porteur de racines secondaires effilées est utilisé depuis bien longtemps dans la pharmacopée locale pour soulager les douleurs

● ● ● POUR EN SAVOIR PLUS ————————

> On trouve de l'*harpagophytum* dans les pharmacies, parapharmacies et boutiques de diététique.

> Les comprimés à faire fondre sous la langue ont l'avantage de laisser pénétrer les principes actifs directement dans la circulation sanguine, à travers les fines parois des vaisseaux qui tapissent la cavité buccale.

> En tisane : faites tremper une cuillerée à soupe de racines dans un litre d'eau pendant au moins quatre heures, puis portez à ébullition. Retirez immédiatement du feu et laissez infuser 10 minutes. Buvez trois tasses par jour.

des articulations. Découverte dans les années 1960 par les Occidentaux, elle s'est taillé depuis une sérieuse réputation.

Plante à tout faire !

Il faut dire qu'elle cumule plusieurs fonctions : elle calme les poussées d'arthrite et soulage la douleur car elle est anti-inflammatoire ; de plus, elle contient des substances capables de relancer la production de cartilage et d'augmenter sa densité, améliorant ainsi la mobilité.

Ces effets sont dus à la présence d'irinoïdes. Mais ces substances doivent être présentes en quantité suffisante pour que la plante soit vraiment efficace. Il faut donc que l'*harpagophytum* soit cultivé dans des conditions proches de celles de son habitat d'origine pour garantir sa teneur en principes actifs.

On peut consommer cette plante en tisanes, mais sa saveur est très amère et il en faut une grande quantité pour obtenir un effet. C'est pourquoi les laboratoires ont cherché de nouveaux conditionnements : gélules, extraits liquides, teinture-mère… Elle participe aussi à la formule de produits composés.

EN DEUX MOTS

* L'*harpagophytum* est une plante très active contre l'arthrose et l'arthrite.

* Elle combat l'inflammation et la douleur, et améliore la mobilité.

33

misez sur les plantes anti-rhumatismes

Les douleurs rhumatismales font intervenir de nombreux éléments : l'usure, l'inflammation des cartilages, la qualité osseuse, l'élimination des déchets métaboliques... sur lesquels les plantes peuvent agir.

Voici les stars de l'anti-rhumatisme végétal.

Le fruit du marronnier

Jadis, on conseillait aux personnes atteintes de rhumatismes de toujours conserver dans leur poche quelques marrons d'Inde. L'affaire tenait probablement de l'autosuggestion. Depuis, différentes études scientifiques ont démontré que l'extrait de marron d'Inde préserve le cartilage articulaire et prévient sa dégradation, à condition de l'avaler, bien sûr !

●●● POUR EN SAVOIR PLUS

> Les feuilles et l'écorce de frêne calment l'inflammation et les douleurs, et aident à évacuer les toxines articulaires.

> On trouve du frêne en gélules ou en extrait liquide. En tisane, faites infuser 50 g de feuilles et d'écorce dans 1 litre d'eau pendant 15 minutes. Buvez 1 tasse toutes les 3 heures.

Attention : ne confondez pas ce marron d'Inde, fruit non comestible des marronniers qui bordent les avenues, avec le marron que l'on mange grillé en hiver ou glacé à Noël. On peut le consommer sous forme de teinture-mère (*Aesculus hippocastanum*). Si vous préférez la tisane, faites bouillir 40 g de marrons concassés dans 1 litre d'eau pendant 5 minutes, puis laissez infuser 10 minutes. Buvez 2 tasses par jour.

À boire et à manger…

Les cataplasmes de tiges et de feuilles fraîches de fenouil soulagent l'œdème et la douleur (voir conseil 01). Cette plante est diurétique et facilite l'élimination des toxines articulaires. Vous pouvez manger sa racine crue, en salade, ou cuite (braisée ou bouillie).

Si vous préférez la considérer comme une vraie plante médicinale, vous pouvez essayer l'extrait liquide (ampoules buvables), la teinture-mère (*Foeniculum*), ou la tisane. Faites bouillir 25 g de racine dans 1 litre d'eau pendant cinq minutes, puis laissez infuser dix minutes. Buvez une tasse avant chaque repas.

EN DEUX MOTS

* Essayez le marron d'Inde et le frêne.

* Pensez au fenouil, cru ou cuit, en extrait ou en tisane.

34

pensez aux anti-inflammatoires naturels

La nature recèle bon nombre de substances anti-inflammatoires, très utiles pour juguler les poussées d'arthrite ou les épisodes d'arthrose doublés d'une inflammation locale. Parmi elles, des plantes et des huiles essentielles à utiliser avec précaution...

Extraits concentrés

Les huiles essentielles sont des extraits de plantes très concentrés. Certaines sont très efficaces pour calmer les inflammations articulaires.
L'huile essentielle de bouleau est tirée de l'écorce et des bourgeons de l'arbre. Diurétique et dépurative, elle soulage les articulations des déchets qui entretiennent l'inflammation. En outre, elle agit sur la zone articulaire lorsqu'elle est utilisée en frictions locales.

● ● ● POUR EN SAVOIR PLUS ──────────

> Autrefois, on conseillait aux rhumatisants de se rouler dans... les orties ! Il semble que la révulsion provoquée par ces feuilles irritantes a pour effet de soulager l'inflammation interne.

> Aujourd'hui, on prescrit plutôt l'ortie en gélules ou en tisane : une cuillerée à café de feuilles pour un bol d'eau bouillante, à laisser infuser 10 minutes.

Les huiles essentielles peuvent être toxiques lorsqu'on les avale. Sauf prescription médicale, contentez-vous d'un usage local : mélangez une dose d'huile essentielle de bouleau (*Betula alba*) à cinq doses d'huile de base (germe de blé, amande douce, noyau d'abricot…) ; frictionnez les articulations douloureuses trois fois par jour avec ce mélange.

Pin et camomille

On connaît l'action antalgique de la camomille. L'huile essentielle extraite de cette plante concentre cette vertu. Très active sur les douleurs de type inflammatoire, vous pouvez l'utiliser sans risque en friction, dans les mêmes proportions que l'huile de bouleau.

L'huile essentielle de pin agit sur les douleurs articulaires à condition de la diluer davantage, car elle est irritante : comptez une dose d'huile essentielle pour dix doses d'huile de base.

> Le pissenlit calme l'inflammation en évacuant les déchets, notamment l'acide urique. Mangez-le en salade au printemps, ou préparez une tisane avec 30 g de feuilles et de racines macérées pendant trois heures dans un litre d'eau, puis portez à ébullition et laissez infuser dix minutes.

EN DEUX MOTS

* Essayez l'huile de bouleau, de camomille ou de pin, diluée dans une huile de base.

* Côté jardin, l'ortie et le pissenlit sont efficaces.

35 osez
les oligos

Présents en quantité infime dans notre organisme, ils sont indispensables à la régénération du cartilage et au bon état des articulations. En cas de douleurs articulaires, vérifiez que vous n'avez pas de carence. La solution est peut-être dans la complémentation.

● ● ● POUR EN SAVOIR PLUS

> Comme les homéopathes, les oligothérapeutes considèrent leur patient sous l'angle du terrain. Nous portons dans nos valises biologiques des fragilités particulières que le médecin prend en compte pour décider du traitement.

> Ainsi, les hyposténiques sont facilement fatigués, calmes, un brin pessimistes ; les dystoniques sont fatigués le soir, anxieux, émotifs ; les anergiques ont des défenses immunitaires

Sans eux, rien ne va plus !

Les oligoéléments sont des cofacteurs d'enzymes : ils permettent à ces dernières de mener à bien les réactions biochimiques dont elles sont chargées. D'autres entrent dans la composition des vitamines, participent à la synthèse des hormones ou font partie de notre structure.

Au niveau de nos articulations, les oligoéléments antioxydants (sélénium) les protègent contre l'usure du temps ; d'autres jugulent les réactions inflammatoires (cuivre) ; le phosphore et le manganèse participent directement à la régénération du cartilage. Nous les trouvons normalement dans l'alimentation, mais parfois, ce n'est pas suffisant.

Préventifs ou curatifs ?

Si les oligoéléments peuvent avoir un rôle préventif, ils sont aussi curatifs. Si vous présentez un terrain arthrosique ou arthritique ou si vous avez des antécédents familiaux, vous pouvez les utiliser en prévention, après avoir demandé à un médecin spécialisé de faire effectuer un dosage afin de vérifier l'état de vos réserves. Si les troubles sont déjà installés, les résultats seront d'autant plus longs à venir que la maladie est installée depuis longtemps. Une chose est sûre : le traitement ne peut avoir d'effet que s'il reste un peu de cartilage. Ne tardez pas à consulter.

EN DEUX MOTS

* Les oligoéléments participent au bon état de nos articulations.

* Ils ont un effet préventif et curatif.

affaiblies (leurs troubles articulaires peuvent facilement s'aggraver) ; les personnes arthritiques (les plus exposées aux troubles articulaires) sont fatiguées le matin et euphoriques le soir.

36

**faites
le bon choix**

Il n'est pas facile de choisir soi-même
les oligoéléments les mieux adaptés à son cas.
Mieux vaut consulter un médecin spécialisé.
Voici cependant les principaux métaux
et minéraux prescrits pour soulager les douleurs
articulaires. Et ils sont nombreux...

Un choix difficile...

Chaque oligoélément remplit une fonction précise au niveau articulaire.
• Le cuivre est un anti-inflammatoire très efficace. Il participe aussi à la protection contre les radicaux libres.
• Le sélénium constitue l'antioxydant numéro I, celui qui protègera vos articulations des méfaits du temps. Tout le monde devrait en consommer, en association avec les vitamines A, C et E.

●●● POUR EN SAVOIR PLUS

> Un bon traitement à base d'oligoéléments associe généralement des produits ciblant directement le symptôme, et d'autres adaptés au terrain.

> Les arthritiques réagissent bien au manganèse et au soufre ; les hyposthéniques au manganèse et au cuivre ; les dystoniques au manganèse-cobalt ; les anergiques au cuivre-or-argent et au lithium...

• Le soufre est lui aussi un incontournable des manifestations somatiques articulaires.

... mais indispensable !

• Le complexe manganèse-cobalt est utilisé dans le traitements de l'arthrose de l'âge mûr.
• Le zinc stimule les défenses immunitaires, améliore l'absorption des nutriments alimentaires et régule l'équilibre acido-basique. Il agit donc en prévention du trouble articulaire.
• Le phosphore est indispensable à la bonne qualité minérale des os.
• Le manganèse est l'une des briques fondamentales du tissu conjonctif articulaire. Le choix du traitement dépendra donc à la fois du terrain du patient, de son âge, de la nature de son trouble (ancien ou récent, d'évolution rapide ou lente, inflammatoire ou arthrosique...).

> On trouve des oligoéléments en pharmacie, le plus souvent sous forme d'ampoules buvables.

EN DEUX MOTS

* Le traitement associe des produits adaptés au terrain et d'autres au symptôme.

* Le cuivre, le manganèse, le soufre sont souvent prescrits.

37

mettez-vous à genoux

Le yoga est une technique indienne très ancienne, destinée à harmoniser le corps, l'esprit et l'âme. Certaines postures de yoga, simples à pratiquer, sont efficaces pour soulager l'arthrose. En voici une qui vous aidera, surtout si vous souffrez des hanches ou des genoux.

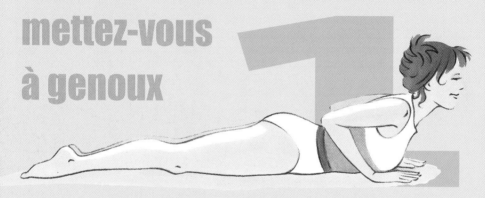

Détendre et stimuler

Toutes les postures de yoga dissipent les tensions musculaires et assouplissent muscles et tendons. Certaines ont une action plus directe sur les articulations dont elles améliorent la mobilité, diminuant également l'état inflammatoire.

À titre d'exemple, voici une posture fréquemment conseillée aux personnes souffrant d'une arthrose légère des hanches ou des genoux.

Comme un chat

① Allongez-vous au sol, sur le ventre, et posez vos mains au niveau des épaules, paumes vers le bas.

② En inspirant profondément, poussez sur vos mains de manière à vous retrouver à quatre pattes, les hanches à hauteur des genoux.

③ En expirant, faites le dos rond en baissant la tête, puis inspirez et creusez le dos en levant la tête.

④ Enfin, descendez lentement les fesses vers l'arrière jusqu'à les poser sur les talons.

● ● ● P O U R   E N   S A V O I R   P L U S

> Le yoga est très efficace à titre préventif si vous avez un terrain prédisposé aux troubles rhumatismaux.

> Si vous souffrez de troubles sérieux, demandez conseil à un spécialiste avant de vous y mettre. Il saura vous conseiller des postures adaptées à votre niveau et à l'état de vos articulations.

EN DEUX MOTS

∗ Certaines postures de yoga aident à entretenir les articulations.

∗ Prenez l'avis d'un spécialiste si vous avez des troubles articulaires sérieux.

38

Pour la médecine traditionnelle chinoise, notre corps est parcouru de méridiens dans lesquels circule notre énergie vitale. Les douleurs rhumatismales peuvent être soulagées si l'on stimule certains de ces points, situés sur les poignets et sur les chevilles.

débloquez vos énergies

1

La voie de l'énergie

Certains blocages énergétiques favorisent l'apparition de douleurs rhumatismales. Si l'on fait disparaître ces blocages, les douleurs refluent. Pour cela, on travaille sur des points précis, situés sur le trajet qu'emprunte l'énergie pour circuler dans notre corps. L'acupuncteur le fait avec des aiguilles (voir conseil 53). Vous pouvez aussi le faire vous-même, en massant vigoureusement ces points avec la pulpe du doigt.

La juste situation

Voici quelques points parmi ceux que l'on cite le plus souvent pour soulager les douleurs articulaires :

① Le premier est situé sur la face interne du bras, sous la paume de la main, à trois doigts environ au-dessus des plis du poignet.

② Le second est situé sur le côté de la jambe, près de la cheville, juste sous l'os saillant.

③ Le troisième est lui aussi situé sur la cheville, juste derrière le même os saillant.

● ● ●   P O U R   E N   S A V O I R   P L U S

> Ces massages procèdent de la tradition du do-in.

> Avant de vous masser, détendez-vous et respirez calmement et profondément.

> Massez la zone entière (poignets et chevilles) avec une huile de massage avant de rechercher les points à stimuler. Ces points sont sensibles au toucher. S'ils sont douloureux, insistez un moment, sans exagérer, jusqu'à ce que la douleur s'apaise.

EN DEUX MOTS

∗ En médecine traditionnelle chinoise, on estime que les rhumatismes sont dus à des blocages énergétiques.

∗ Pour les soulager, on stimule des points situés sur les chevilles et les poignets.

39

pensez ostéo

L'ostéopathie est une médecine manuelle. Un ostéopathe travaille uniquement avec ses mains. Ses manipulations légères et efficaces peuvent débloquer des articulations douloureuses et améliorer leur mobilité si le blocage est dû à un problème de statique.

Cherchez la cause

Ce qui intéresse un ostéopathe, c'est votre statique. Il scrute l'harmonie de vos mouvements et la justesse de votre posture. Or, certaines douleurs articulaires sont associées à des douleurs posturales. Des traumatismes anciens (suites d'accidents de voiture par exemple) peuvent provoquer de légers déplacements des os ou des ligaments, lesquels provoquent des crispations musculaires

●●● POUR EN SAVOIR PLUS

> L'ostéopathie crânienne est une branche particulière de l'ostéopathie qui s'intéresse uniquement aux os du crâne.

> Malgré leur apparente inertie, ceux-ci bougent très légèrement. L'ostéopathe agit sur ce mouvement afin de l'harmoniser, et de

permettre au liquide céphalo-rachidien, dans lequel baigne le cerveau à l'intérieur de la boîte crânienne, de circuler dans de bonnes conditions.

> Cette ostéopathie particulière soigne les arthroses vertébrales.

en chaîne… À l'extrémité de la chaîne, on trouve une articulation qui finit par se bloquer.

Ainsi, il n'est pas rare qu'un léger déplacement d'une vertèbre cervicale finisse par provoquer des douleurs articulaires dans l'épaule ou le bas du dos, ou qu'un pincement au niveau d'une lombaire entraîne, des années plus tard, une poussée douloureuse. La tâche de l'ostéopathe consistera à trouver la cause initiale de vos douleurs et à intervenir pour les faire cesser.

Pas pour tout le monde

L'ostéopathie n'est pas indiquée pour soigner tous les cas de rhumatismes. Il est parfois inutile, voire carrément néfaste, d'intervenir manuellement sur une articulation enflammée. Un ostéopathe bien formé saura vérifier si vos problèmes sont de son ressort. Si c'est le cas, il procédera par des manipulations douces, sans mouvements violents. Le résultat est souvent très rapide lorsque l'indication est bien posée. Les arthroses de suite d'accidents traumatiques sont parmi celles qui réagissent le mieux à ce type de thérapie.

 EN DEUX MOTS

* L'ostéopathie est une technique qui soulage certaines douleurs d'arthrose.

* Elle est efficace à la suite d'accidents traumatiques, mais ne peut rien sur les inflammations arthritiques.

40 essayez la mésothérapie

Injecter localement de très petites doses d'anesthésiants, d'antalgiques et d'anti-inflammatoires, c'est le principe de la mésothérapie.

La plus douce des médecines dures : son créateur, le docteur Pistor, la décrivait comme « la plus allopathique des médecines douces, et la plus douce des médecines allopathiques ». La mésothérapie consiste à injecter localement, à l'aide d'une petite seringue spécialement conçue, de minuscules doses de médicaments habituellement prescrits par voie générale pour soulager les troubles articulaires.

Petites doses, grands effets : les anesthésiants, antalgiques et anti-inflammatoires ne provoquent pas d'effets secondaires puisqu'ils n'affectent pas le métabolisme global. Et comme leurs doses sont beaucoup moins importantes, ils sont très bien tolérés. Ces minipiqûres sont conseillées pour soulager les poussées d'arthrose des cervicales, des lombaires, des genoux. Elles sont efficaces pour calmer les douleurs

et apaiser les poussées inflammatoires, mais elles n'ont aucune action sur l'usure du cartilage.

● ● ● POUR EN SAVOIR PLUS

> La mésothérapie est le plus souvent pratiquée en cabinet, par des médecins généralistes. Les petites seringues spécialemment utilisées pour ces injections sont jetables.

EN DEUX MOTS

* La mésothérapie soulage les douleurs d'arthrose et les inflammations, mais elle n'arrête pas l'usure du cartilage.

* Les doses utilisées sont très faibles.

point de vue

«Cela m'a pris vers trente-cinq ans. J'ai commencé à avoir des douleurs dans le cou et dans les épaules, au point de ne plus pouvoir tourner la tête. Je ne comprenais pas. J'ai consulté un médecin, qui m'a prescrit des anti-inflammatoires. Mes douleurs se sont atténuées, mais des brûlures d'estomac sont apparues. Le cercle habituel des effets secondaires… J'ai alors consulté un rhumatologue ostéopathe pour trouver la cause de mes problèmes: un accident de voiture lorsque j'avais quinze ans, sans gravité, mais j'avais eu le fameux «coup du lapin». Ses manipulations m'ont soulagé, ainsi que des séances de mésothérapie. Il m'a aussi recommandé de manger des huiles de poisson, ce que je fais toujours. Peu à peu, j'ai recommencé à pratiquer le tennis. Je sais que ce n'est pas très bon pour ma statique, mais j'aime ça! Pour compenser, je fais aussi de la natation.»

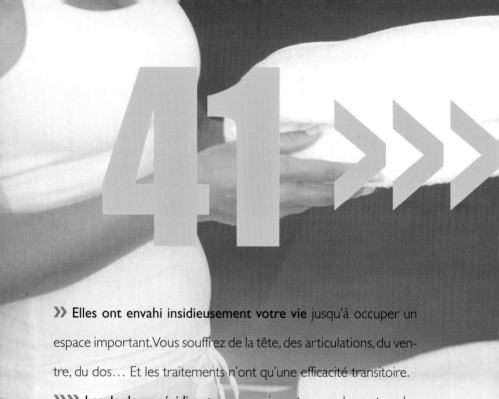

41 》》》

》 **Elles ont envahi insidieusement votre vie** jusqu'à occuper un espace important. Vous souffrez de la tête, des articulations, du ventre, du dos… Et les traitements n'ont qu'une efficacité transitoire.

》》》》 **Les douleurs récidivantes** ne se soignent pas seulement par les antalgiques, même si ceux-ci sont parfois indispensables. Il faut d'abord apprendre à comprendre les douleurs pour mieux les apprivoiser.

》》》》》 **On peut avoir recours à des techniques mentales** pour les juguler. Il existe aussi des traitements de fond à long terme pour les évacuer.

60
CONSEILS

41

consultez un médecin

Certaines souffrances récurrentes cachent des maladies sérieuses. Il est nécessaire de vérifier qu'elles n'occultent rien de grave, car à faire taire les douleurs qui insistent, on risque de masquer ce qu'elles ont à nous dire. Une consultation médicale s'impose.

Attention, message !

La douleur est un message. Toujours. Et avant de l'avoir envisagé sous tous ses aspects, on ne peut dire avec précision de quel message il s'agit. Un simple mal de tête, par exemple, peut être le signe d'une fatigue, d'une contrariété ou d'un excès de stress. Mais ce peut être aussi le symptôme d'une tumeur cérébrale ou d'une poussée d'hypertension sérieuse.

●●● POUR EN SAVOIR PLUS ────────

> L'insensibilité à la douleur est une maladie grave, d'origine congénitale ou consécutive à une lésion du système nerveux. Les personnes atteintes ne peuvent plus se protéger contre les blessures ou les accidents. Elles se blessent donc très souvent : fractures, brûlures, coupures.

> De même, elles ne perçoivent pas les signes avant-coureurs des maladies. Une crise d'appendicite aiguë, par exemple, tourne rapidement à la péritonite grave si la douleur ne prévient pas le malade de l'état inflammatoire de son appendice.

De plus, même lorsque ce mal de tête n'a pas de fondement physiologique, il dit parfois une souffrance psychique ou émotionnelle, un problème affectif qui a du mal à se résoudre, une blessure relationnelle cachée.

Consultation, analyses, examens

C'est pourquoi lorsqu'une douleur persiste ou revient régulièrement, il faut consulter un médecin. Une fois effectués tous les examens nécessaires (analyses biologiques, radios, scanners…), celui-ci pourra déterminer la cause objective de la douleur et la soigner en conséquence. Si les examens ne révèlent aucun problème majeur, tant mieux. C'est que la douleur a une autre dimension. Vous pouvez, si vous le désirez, aller chercher du côté de la psychologie l'origine éventuelle de cette souffrance. Que cela ne vous empêche pas de mettre en œuvre tous les moyens à votre disposition pour juguler votre douleur. Les douleurs persistantes demandent en effet une prise en charge multiple. Les seuls médicaments analgésiques ne suffisent pas, le plus souvent, à calmer les crises.

EN DEUX MOTS

* Avant de traiter une douleur persistante, il faut consulter un médecin.

* L'insensibilité à la douleur est une maladie très invalidante.

42

**respectez
votre mal**

Les personnes qui en souffrent le savent bien :
les douleurs récidivantes finissent par faire
partie de leur vie. Il vaut mieux apprendre à
les connaître et à les apprivoiser plutôt
que les considérer comme des ennemis
à abattre ou des calamités tombées du ciel.

Un partenaire, pas un ennemi

Lorsque l'on est obligé de cohabiter
avec quelqu'un, mieux vaut essayer de le
connaître et apprendre à le respecter. Si
on le considère uniquement comme un
intrus, une épouvantable malchance ou
une épreuve injuste envoyée par le mauvais sort, la vie commune devient rapidement infernale. Il en est de même avec
la douleur. Cela ne signifie pas qu'il faille

● ● ●   P O U R   E N   S A V O I R   P L U S ────────────

> Il est parfois utile d'avoir recours à un sou-
tien psychologique pour venir à bout d'une
douleur tenace. La psychothérapie aide à
modifier la perception de la douleur et à
découvrir le sens qu'elle a pour celui qui
souffre.

> Le psychothérapeute aide son patient
à ne plus être l'objet de sa douleur,
mais à devenir acteur dans la situation douloureuse.

la supporter comme une épreuve, mais il est plus efficace d'essayer de pactiser avec elle, de la prendre en charge comme un élément de notre vie.

Dans toutes les douleurs récurrentes, il existe une dimension irrationnelle, émotionnelle ou psychologique. Aucune douleur n'est banale. Aucune n'est semblable à une autre. Et la douleur que nous avons à combattre appartient à chacun d'entre nous. Au-delà du message qu'elle nous délivre sur l'état de notre corps, elle nous dit aussi quelque chose de notre être.

À coups de canon !

Nos douleurs font partie de nous. Si nous les considérons comme des ennemis à abattre à tout prix, nous n'avons qu'une solution : tirer l'ennemi à coups de canons. Ce faisant, nous tirons sur… nous-mêmes ! Si nous le faisons pour soulager une douleur ponctuelle, pas de problème. Mais s'il s'agit d'une douleur ancienne et tenace, cette stratégie finit par devenir destructrice. La nuance peut paraître subtile. Mais en modifiant ainsi la relation que l'on entretient avec sa douleur, on découvre d'autres possibilités de la juguler.

EN DEUX MOTS

* Chaque douleur est unique.

* La douleur n'est pas seulement un ennemi à abattre.

* La psychothérapie peut transformer votre relation à la douleur.

43

découvrez le sens de vos douleurs

Ce n'est pas par hasard si nous avons mal à la tête ou au ventre, à l'épaule ou au genou. Nos douleurs nous parlent. Elles nous disent quelque chose de notre histoire. C'est ce qu'affirment les thérapeutes qui s'intéressent aux troubles psychosomatiques.

Droite ou gauche ?

La médecine psychosomatique cherche à décrypter le sens des maladies, à trouver leur signification profonde. Pour cela, il faut s'intéresser de près à la dimension symbolique de notre corps et de ses souffrances. Selon le côté du corps, à droite ou à gauche, où elle se manifeste, la douleur nous dit quelque chose sur la nature du problème qui la sous-tend.

●●● POUR EN SAVOIR PLUS ────────

> Dans son livre *Dis-moi qui où as mal ?* Michel Odoul explique que les douleurs qui affectent les organes internes ont aussi une signification précise.

> Le système digestif : il dit nos difficultés à digérer, à accepter, à assimiler ce qui nous arrive ou ce qui arrive à nos proches.

> Le système respiratoire : c'est par lui que nous aspirons l'air dont nous avons besoin pour vivre, mais aussi les microbes qui nous agressent. Il est atteint lorsque nous avons des difficultés à résister aux agressions émotionnelles.

• À droite, nous sommes l'objet d'une perturbation dans notre relation à la mère, au féminin, à la femme, à la féminité, au monde des sentiments.
• À gauche, il s'agit d'une perturbation dans notre relation au père, à la masculinité, à l'homme, à la force, à l'autorité.

Haut ou bas ?

La localisation de la douleur a aussi des choses à nous apprendre.
• Les membres inférieurs : c'est grâce à eux que nous marchons, que nous nous déplaçons, que nous allons vers les autres, vers le monde. Les douleurs dans les membres inférieurs parlent de nos difficultés relationnelles.
• Les membres supérieurs : épaules, bras et mains nous permettent de saisir mais aussi de rejeter. Ce sont les instruments qui nous permettent d'agir. Lorsqu'ils souffrent, ils nous parlent de nos difficultés à aller au bout de nos projets, à entreprendre.
• La colonne vertébrale : c'est notre axe central, grâce auquel nous tenons debout. Les douleurs nous signalent des difficultés dans notre être profond, envers nos croyances intimes, ce sur quoi nous nous appuyons pour vivre.

 EN DEUX MOTS

* Nos douleurs nous parlent aussi de nos difficultés intérieures.

* Selon sa localisation, la douleur a une signification différente.

44

débusquez vos bénéfices secondaires

Les douleurs récidivantes finissent parfois par devenir un pilier central de la vie. Tout s'organise autour d'elles. Certains se servent de leur douleur sans vraiment s'en rendre compte. Pour s'en défaire, mieux vaut prendre conscience de ces processus.

Caché derrière sa douleur

Lorsqu'une souffrance se répète, elle finit parfois par envahir l'existence. Celui qui la subit l'utilise comme un pilier central pour organiser sa vie psychique, émotionnelle et surtout relationnelle. C'est ce que l'on appelle les « bénéfices secondaires » de la douleur.

Un exemple : une personne migraineuse depuis des années voit ses maux de tête s'amplifier dès qu'elle est confrontée à un problème relationnel dans la famille.

● ● ●   P O U R   E N   S A V O I R   P L U S

> Les douleurs récidivantes des enfants demandent une prise en charge globale, incluant une dimension psychologique. Car ils peuvent aussi utiliser inconsciemment leur douleur pour modifier les relations familiales.

> Aujourd'hui, la douleur des enfants, des bébés et même des fœtus est prise en compte et traitée dans les milieux hospitaliers.

Une dispute avec le conjoint, une contrariété avec un enfant, et la crise apparaît, intense. L'émotion, l'anxiété, la colère amplifient la sensation douloureuse. La gestion du problème est remise à plus tard, la personne s'enferme dans le silence et dans le noir, le temps de laisser passer la crise.

Consciemment ou inconsciemment ?

Dans ce cas, la douleur aide la personne à fuir les situations qui la stressent et la mettent en difficulté. Consciemment, elle préfèrerait ne pas souffrir, mais inconsciemment, elle tient à sa douleur. Sans elle, il lui faudrait affronter directement les problèmes. Cette dualité intérieure peut gêner les processus de guérison et perturber l'efficacité des traitements. Certes, ce n'est pas toujours le cas. Mais il est utile de se poser la question : est-ce que ma douleur me sert à quelque chose ? Est-ce qu'elle me facilite la vie dans certaines situations ?

> Les méthodes douces, comme l'homéopathie, l'ostéopathie, l'acupuncture, l'hypnose, les massages… peuvent intervenir dans l'arsenal antidouleur des enfants.

EN DEUX MOTS

* La douleur est parfois utile à celui qui souffre : il s'en sert pour fuir certaines situations.

* Pour soulager les douleurs récidivantes, il faut tenir compte de cette donnée.

45
réagissez
sophro

La sophrologie est une technique très largement utilisée dans le traitement de la douleur. Mise au point par le psychiatre Alfredo Caceydo dans les années 1960, elle a acquis ses lettres de noblesse dans les cabinets des dentistes et les salles d'accouchement.

Entre la veille et le sommeil

Le principe de la sophrologie est simple : on plonge le patient dans un état à mi-chemin entre la veille et le sommeil et on lui distille des messages verbaux, des incitations, des images. Ceux-ci ne sont pas bloqués par la pensée rationnelle et déclenchent un soulagement.

Les premiers praticiens à s'être intéressés à la sophrologie sont des chirurgiens-dentistes. La préparation à l'accouchement est aussi un domaine de prédilection de la sophrologie.

● ● ● POUR EN SAVOIR PLUS

> L'hypnothérapie est également très efficace dans le traitement de la douleur. Très différente de l'hypnose de spectacle, elle travaille sur un état proche de l'état sophronique, et procède elle aussi par induction de messages et d'images.

> Elle implique la présence du thérapeute, ou au moins d'une cassette enregistrée.

Le plus tôt, le plus efficace

La sophrologie est efficace dans le traitement des douleurs récidivantes. Dans ce cas, les messages, qui sont toujours préparés avec le patient avant la séance, lui permettent de déplacer sa sensation sur une partie du corps non douloureuse, de la projeter sur un élément extérieur (de l'eau qui coule par exemple), ou d'en modifier les caractéristiques (ralentir son rythme si elle est pulsante, la rafraîchir si elle est brûlante…). Ces techniques sont d'autant plus efficaces que la personne les pratique rapidement, dès que la crise douloureuse s'annonce.

La sophrologie se pratique d'abord auprès d'un thérapeute. Ensuite, les messages qui ont été utilisés pendant les séances peuvent être réutilisés à volonté dans un état de conscience normal.

> Le training autogène est une sorte d'auto-hypnose que l'on peut facilement pratiquer seul, après quelques séances d'initiation.

EN DEUX MOTS

* La sophrologie s'appuie sur un état de conscience différent pour diffuser au patient des messages antidouleur.

* L'hypnothérapie ou le training autogène sont également efficaces.

46 offrez-vous une bonne rigolade

Quand on souffre, on n'a pas le cœur à rire. Cependant, lorsqu'une crise d'hilarité nous prend au dépourvu, on en oublie sa douleur. La sécrétion d'endorphines s'accélère et endort la sensation douloureuse. Vous avez mal ? Regardez les Marx Brothers !

● ● ● POUR EN SAVOIR PLUS

> L'exercice physique génère aussi une forte production d'endorphines. Ce sont elles qui permettent aux sportifs de haut niveau de dépasser leurs limites.

> Comme la morphine, les endorphines provoquent une sorte d'accoutumance. Celle-ci peut pousser certaines personnes à abuser des situations à l'occasion desquelles ils ressentent

Précieuses endorphines

Au centre de notre équipement endogène antidouleur se trouvent les endorphines. Ces neurohormones proches de la morphine ont été découvertes par des chercheurs qui cherchaient à comprendre le mode de fonctionnement de cette drogue au fort pouvoir analgésique. Lorsqu'ils découvrirent dans le cerveau des récepteurs spécifiques dans lesquels se fixe la morphine pour déclencher son action, ils se dirent que la nature ne nous avait pas dotés sans raison de ces récepteurs. Ils en déduisirent que les êtres humains fabriquent leur propre morphine.

En fait, il s'agit d'un groupe de substances, le plus souvent des peptides composés d'acides aminés, parmi lesquelles les enképhalines, les dynorphines et surtout, les endorphines. Ces substances sont à la fois euphorisantes et analgésiques.

Se soigner en riant

Nous sécrétons des endorphines dans les situations de stress et de douleur, mais aussi dans les moments de plaisir, notamment lorsque nous rions. Un bon fou rire déclenche une forte production d'endorphines, ce qui explique que l'on se sente ensuite léger et euphorique.

C'est ainsi qu'est née la thérapie par le rire. On cite souvent le cas de Norman Cousins, un Américain atteint d'une maladie rare, douloureuse et en principe mortelle, la collagénose. Il s'aperçut que lorsqu'il riait, les douleurs s'endormaient pour deux heures au moins. Il se concocta un programme à base de films drôles, de BD et autres sketches d'humoristes, et son état s'améliora. Pourquoi ne pas l'imiter ?

leurs effets : excès d'efforts sportifs, excès de stress professionnel…

EN DEUX MOTS

* Les endorphines sont des neurohormones naturelles à la fois euphorisantes et analgésiques.

* Le rire est un bon remède contre la douleur.

47 visualisez !

Imaginer que la douleur s'en va pour la faire refluer : c'est le principe de la visualisation.

Croquez dans un citron : de nombreuses études ont démontré que la visualisation provoque des réactions biologiques. Faites-en l'expérience : fermez les yeux, imaginez un beau citron bien juteux, fraîchement cueilli, touchez sa peau, sentez son parfum… Puis croquez mentalement dans le citron. Vous sentirez un flot de salive envahir votre bouche. C'est l'image mentale qui a suffi à déclencher le travail de vos glandes salivaires.

Des images qui vous parlent : en utilisant la même technique, il est possible de modifier sa perception de la douleur et d'accélérer la production d'endorphines. Le principe : allongez-vous dans un endroit calme, fermez les yeux, détendez vos muscles, puis suscitez l'apparition d'images mentales apaisantes. Le choix de ces dernières dépend de chacun. L'important, c'est qu'elles vous « parlent », non qu'elles aient un sens objectif par rapport à votre problème.

● ● ● POUR EN SAVOIR PLUS

> La visualisation est réellement efficace lorsqu'elle est pratiquée auprès d'un thérapeute.
> Elle est un simple complément au traitement lorsqu'on la pratique seul.

EN DEUX MOTS

∗ Croquez mentalement dans un citron, vous saliverez.

∗ Visualisez des images apaisantes, vous ferez refluer la douleur.

48 essayez l'extrait de piment

La capsaïcine des piments a une action antidouleur et anti-inflammatoire prometteuse, actuellement à l'étude.

Pommade ou cataplasme ? Les piments contiennent une substance, la capsaïcine, qui agit sur la douleur. On connaît depuis longtemps son effet antalgique en soin externe : certaines pommades chauffantes destinées à calmer les douleurs musculaires contiennent des extraits de piments. Dans certaines sociétés traditionnelles, on l'utilise aussi en cataplasmes.

Une anti-enzyme : des études plus récentes ont montré que le piment agit aussi par voie interne. La capsaïcine s'oppose dans certaines cellules à l'enzyme T, qui transmet le message douloureux au système nerveux central. Enfin, l'extrait de piment possède un effet anti-inflammatoire puissant. N'allez pas pour autant vous bourrer de piments, surtout si vous avez l'estomac fragile. Il existe aujourd'hui des produits (injections, préparations magistrales…) qui permettent de profiter des vertus de la capsaïcine sans mettre à mal votre système digestif.

● ● ● POUR EN SAVOIR PLUS

> Les essais thérapeutiques ont montré que les extraits de capsaïcine sont particulièrement efficaces pour soulager certains maux de tête d'origine vasculaire, les douleurs provoquées par le diabète, les névralgies, les troubles rhumatismaux inflammatoires.

EN DEUX MOTS

* Le piment permet de soulager localement les douleurs musculaires.

* Il contient aussi de la capsaïcine, qui calme l'inflammation et jugule la douleur.

49

allez prendre les eaux

Les stations thermales offrent des solutions pour soulager troubles articulaires, maux de tête, etc. ... Les soins internes (ingestion d'eau thermale) et externes (bains de boue, massages, douches à jet...) se complètent pour atténuer les douleurs chroniques.

La qualité de l'eau

Certaines stations thermales se sont fait une spécialité des pathologies douloureuses. À Dax, par exemple, on soigne les maladies rhumatismales, tandis qu'à Vichy, on prend en charge les patients migraineux…

La spécialité des stations thermales repose avant tout sur la qualité de leurs eaux. Toutes sont fortement minérali-

● ● ●   P O U R   E N   S A V O I R   P L U S

> En France, plus de 600 000 personnes suivent chaque année une cure thermale.

> Les minéraux de l'eau pénètrent dans le corps par voie digestive lorsqu'on la boit (elle n'a pas toujours bon goût !), et par voie cutanée lors des soins externes (bains, jets, affusions…).

> Certaines stations utilisent aussi des boues thermales, très riches en minéraux, en bains ou en enveloppements.

sées, mais avec des formules très différentes : les eaux sulfurées soignent les voies respiratoires, les eaux bicarbonatées les pathologies digestives, les eaux polymétalliques les troubles rhumatismaux. Certes, toutes les douleurs ne peuvent pas se calmer avec une cure thermale. Mais si ce dont vous souffrez entre dans les indications d'une station, vous pouvez tenter l'expérience.

Résultats garantis

La Caisse nationale d'assurance maladie a mené plusieurs enquêtes pour étudier les résultats des cures thermales. Elles réduiraient de 40 % le montant moyen des dépenses pharmaceutiques. C'est dire que les cures soulagent !
L'effet n'est pas immédiat, et il faut compter trois semaines de cure pour obtenir un résultat durable. Mais celui-ci se prolonge pendant plusieurs mois. Les études de la CNAM ont aussi montré que dans l'année suivant une cure, le nombre de jours de congé de maladie chutait de plus de 50 %.
Parmi les troubles les mieux soignés par les cures thermales, citons les rhumatismes, les douleurs d'origine nerveuse et liées au stress, les maux de tête d'origine digestive, les suites de brûlures ou d'accidents…

EN DEUX MOTS

* Les soins thermaux sont efficaces pour soulager certaines douleurs.

* Leur effet se fait sentir pendant plusieurs mois après une cure.

50

faites un tour au bord de la mer

Vous aimez la mer ? Essayez la thalassothérapie pour soulager les douleurs posturales, les tensions musculaires et pour accélérer la rééducation après un accident. L'eau de mer est un milieu particulièrement riche en substances minérales indispensables.

Tous les minéraux du monde

L'eau de mer est un milieu d'une incroyable richesse minérale : sel, fluor, iode, silicium, lithium, manganèse, zinc, cuivre, magnésium, calcium, soufre… Sa composition est très proche de celle de notre milieu intérieur, le liquide dans lequel baignent nos cellules. L'eau de mer contient aussi des micro-organismes en grande quantité : plancton, algues, boues marines.

● ● ● POUR EN SAVOIR PLUS

> Une cure de thalasso dure généralement une semaine, sauf dans les suites d'accidents traumatiques où elle peut être plus longue.
> Les cures ne sont pas remboursées par la Sécurité sociale ; seules certaines rééducations font parfois l'objet d'une prise en charge.

> La plupart des stations proposent des soins « hors cure » (sophrologie, yoga, do-in…) qui peuvent être utiles pour améliorer l'effet antidouleur des soins à base d'eau de mer.

Tous ces éléments participent à la thalassothérapie. Rassurez-vous : on ne boit pas d'eau de mer en thalasso, mais on utilise cette dernière pour des soins externes proches de ceux du thermalisme, ainsi que pour des enveloppements d'algues ou des bains de boues marines. Là encore, la peau joue un rôle central puisque c'est à travers elle que transitent tous les minéraux qui vont recharger l'organisme.

Stress ou trauma ?

La thalassothérapie traite efficacement deux types de problèmes : les troubles dus au stress et les suites d'accidents traumatiques. Contrairement aux stations thermales, les centres de thalasso ne se différencient pas par la qualité de leur eau, mais par leur climat : plus vivifiant au bord de la Manche, plus sédatif au bord de la Méditerranée... Certains ont développé des soins adaptés à certaines pathologies. C'est le cas par exemple à Saint-Malo ou à Saint-Jean-de-Luz, où l'on pratique la rééducation post-traumatique associée à des soins aquatiques.

 EN DEUX MOTS

* Les cures de thalasso sont efficaces pour soulager les douleurs d'origines traumatiques ou dues au stress.

* Les stations se différencient par l'organisation de leurs soins.

51

testez les aimants

Posés au bon endroit, de minuscules aimants suffisent parfois à court-circuiter le trajet de la douleur. C'est le principe de la magnétothérapie, technique naturelle, simple et sans risques, efficace surtout contre les douleurs articulaires, musculaires et traumatiques.

Champ magnétique

Ce sont de minuscules petites pierres noires que l'on pose sur la peau pour stopper le trajet du message douloureux. Cela semble un rien magique, et pourtant, ça marche ! En Allemagne et au Japon où cette technique est largement utilisée, des études ont démontré que les aimants sont efficaces, selon les troubles, dans 68 à 93 % des cas.
Les pathologies qui répondent le mieux

● ● ● POUR EN SAVOIR PLUS

> Les aimants sont en vente dans les pharmacies ou les boutiques de produits diététiques.
> On trouve des petits aimants à coller sur la peau, faciles à utiliser seul. Il existe aussi des ceintures et des semelles aimantées.

> Contre-indications : la grossesse, le port d'un pacemaker. Attention aussi si vous vous êtes blessé récemment, car les aimants augmentent les saignements.

à cette forme de thérapie sont les douleurs rhumatismales ou musculaires, celles qui sont consécutives à des traumatismes ou des blessures, ainsi que, dans une moindre mesure, les crampes, les névralgies, les maux de tête.

Ces aimants dégagent un faible champ magnétique qui stimule la circulation sanguine et lymphatique, ainsi que les fonctions métaboliques dans leur ensemble. Les échanges biochimiques sont relancés et la production d'endorphines est augmentée (voir conseil 46).

En outre, chaque face de l'aimant possède une action directe sur les fibres musculaires : une face est myorelaxante (elle détend les fibres musculaires) l'autre est myocontracturante (elle les stimule).

Une place bien précise

Selon l'effet recherché, il faut placer l'aimant à un endroit précis. Il faut parfois le poser sur le trajet de la douleur, parfois à distance. Certains acupuncteurs les disposent sur le trajet des méridiens d'énergie.

Vous pouvez essayer de les placer vous-même, en tâtonnant jusqu'à trouver la localisation qui vous convient le mieux. Vous pouvez aussi demander conseil à un thérapeute qui vous indiquera les emplacements les mieux adaptés.

EN DEUX MOTS

* Les petits aimants permettent de calmer certaines douleurs.

* Ils relancent les activités métaboliques et ils agissent directement sur les fibres musculaires.

52

étirez vos méridiens !

Pratiqués régulièrement, les exercices de qi gong peuvent participer à votre stratégie antidouleur. Ils améliorent la circulation énergétique dans le corps, aident à relancer les fonctions biologiques et à dissoudre les blocages.

Bien des douleurs n'y résistent pas…

Le Maître du cœur

Le qi gong est une discipline issue de la médecine chinoise qui repose sur un ensemble de postures et de mouvements lents, destinés à faciliter une circulation harmonieuse de l'énergie dans tout l'organisme. Pratiqués régulièrement (une fois par jour), ces exercices permettent de maîtriser certaines douleurs chroniques. Voici un exercice qui harmonise l'énergie dans le méridien « maître du cœur ». Il libère les tensions musculaires, soulage les suites de traumatismes (fractures, entorses…), les douleurs rhumatismales, les névralgies…

La marche à suivre

① Tenez-vous debout, genoux légèrement pliés, buste bien droit, pieds parallèles et écartés à la largeur des épaules.

② Arrondissez vos bras à hauteur de la poitrine, les paumes tournées vers vous.
③ Tournez lentement vos paumes vers l'extérieur ; poussez ensuite vos mains vers l'avant, puis vers le ciel.
④ Redescendez vos bras sur le côté et ramenez-les à leur position initiale.

●●● POUR EN SAVOIR PLUS

> Réalisez cet exercice en vous concentrant sur la circulation de l'énergie à l'intérieur de votre corps ; étirez vos majeurs au maximum lorsque vous élevez les bras et détendez tous vos muscles lorsque vous les descendez.

> D'autres exercices correspondent à différents types de douleurs.

EN DEUX MOTS

* Certains exercices de qi gong permettent de lutter contre la douleur.

* L'étirement du méridien « maître du cœur » soulage les douleurs traumatiques et les névralgies.

53 voyez un acupuncteur

L'acupuncture a fait ses preuves contre la douleur depuis bien longtemps. Elle soulage rapidement et durablement.

Preuves à l'appui : le traitement de la douleur est la seule indication dans laquelle l'acupuncture ait une efficacité scientifiquement démontrée. Les fibres sensitives qui véhiculent la sensibilité non douloureuse ne sont pas tout à fait les mêmes que celles qui propagent la sensibilité douloureuse. Toute intervention sur les unes exerce une action régulatrice sur les autres.

Lorsque l'on place une aiguille sur un point d'acupuncture, un message non douloureux est envoyé, et il court-cir-cuite le passage de la douleur. Il s'agit d'une sorte de réflexe neurosensitif. Voilà pour l'explication rationnelle.

L'explication énergétique : elle est la seconde explication. C'est en rétablissant la circulation perturbée de l'énergie vitale que les aiguilles de l'acupuncteur parviendraient à soulager la douleur, thèse qui ne fait pas l'unanimité.

Une chose est sûre : l'acupuncture a démontré son efficacité analgésique, puisque l'on a vu des interventions chirurgicales se dérouler sous acupuncture, sans anesthésie !

● ● ● POUR EN SAVOIR PLUS

> L'acupuncture donne d'excellents résultats en cas de douleurs neuromusculaires, de maux de tête, de douleurs articulaires, de névralgies…

EN DEUX MOTS

* Il existe une explication rationnelle à l'efficacité de l'acupuncture.

* Certains acupuncteurs préfèrent mettre en cause l'énergie vitale.

54 la vie en couleurs

La chromatothérapie, qui soigne grâce à des rayonnements colorés, est très efficace sur les douleurs anciennes et récalcitrantes.

Lumière au point : la chromatothérapie est une approche énergétique qui consiste à projeter sur les patients des rayonnements lumineux colorés, soit directement sur la zone atteinte s'il s'agit d'un trouble local, soit sur des points d'acupuncture s'il s'agit d'une atteinte globale.
Elle distingue les douleurs chaudes et les douleurs froides. Les froides correspondent à un ralentissement de l'énergie, alors que les chaudes signalent une accélération.

Rouge ou orangé... Parmi les douleurs froides, citons celles qui suivent un traumatisme (foulures, entorses, brûlures, hématomes...). Elles sont sourdes, plus importantes la nuit que le jour, aggravées par l'immobilité et soulagées par le mouvement. À l'inverse, les douleurs inflammatoires, intenses, pulsantes, soulagées par la fraîcheur et l'immobilisation, sont chaudes.
Pour soulager une douleur froide, on utilise un rayon coloré rouge, et contre une douleur chaude, un rayon orangé. Cette technique est absolument indolore et sans danger.

● ● ● POUR EN SAVOIR PLUS

> **En même temps qu'elle calme la douleur, la chromatothérapie peut accélérer le rétablissement (fracture, entorse) ou la cicatrisation (blessure, brûlure).**

EN DEUX MOTS

* La chromatothérapie consiste à diriger des rayons colorés sur la zone atteinte ou sur des points d'acupuncture.

* Il faut différencier les douleurs chaudes des douleurs froides.

55

mangez de l'ail

L'ail est un véritable médicament naturel.

Il protège contre les maladies cardio-vasculaires,

il a un effet antibiotique puissant,

et il calme les douleurs car il est à la fois

analgésique et anti-inflammatoire.

À mettre au menu de tous les jours.

Un super-aliment

Considéré sous nos climats comme un condiment, l'ail est beaucoup plus que cela. C'est un aliment à part entière que nous devrions tous consommer chaque jour car il a de multiples vertus. On sait qu'il fait baisser le taux de cholestérol et qu'il protège contre les maladies cardio-vasculaires, lesquelles peuvent s'avérer

●●● POUR EN SAVOIR PLUS

> Si l'ail libère ses arômes lorsqu'il est haché ou pilé, c'est parce qu'il dégage une enzyme, l'allinase, capable de transformer certains de ses composants. Or, c'est justement cette transformation qui rend ces composants thérapeutiques ! Si l'ail ne sentait pas fort, il n'agirait pas.

> Pour garder l'haleine fraîche, croquez après les repas un grain de café ou d'anis, ou mettez sur le bout de votre langue une goutte (une seule !) d'huile essentielle de menthe poivrée (*Mintha piperita*). Elle a de plus un léger effet stimulant.

douloureuses. Il protège également contre les infections, notamment les infections intestinales (qui font mal, elles aussi).

Dans l'Antiquité, Pline l'Ancien a recensé plus de 60 maladies qui pouvaient être soignées par l'ail. Au cours des siècles, on a utilisé l'ail en cataplasme pour guérir les blessures et les protéger de l'infection. Une utilisation dont le bien-fondé a été confirmé par les recherches.

Frais ou en gélules

Plus récemment, on a constaté son efficacité pour juguler la bactérie responsable de l'ulcère de l'estomac. Mais ce qui intéresse le plus les personnes souffrant de douleurs chroniques, c'est son action anti-inflammatoire et légèrement analgésique. Une consommation régulière d'ail permet de soigner les inflammations latentes et de faire baisser le niveau de la douleur.

Certaines personnes ont du mal à digérer l'ail. Il faut alors le manger sans son germe, ou consommer des gélules d'ail en cures, comme n'importe quel complément alimentaire. Il existe aussi de l'huile d'ail désodorisée en gélules.

EN DEUX MOTS

* L'ail soulage les douleurs.

* Il combat les ulcères de l'estomac, protège contre les infections intestinales ; il est anti-inflammatoire et antalgique.

56

jouez la carte homéopathie

L'homéopathie ne s'attaque pas directement à la douleur, mais à ses causes profondes. Une démarche différente, qui donne des résultats à long terme. Certes, il n'existe pas d'antalgiques homéopathiques, mais un traitement bien choisi peut vous soulager.

Les racines du mal

Il n'existe pas en homéopathie de médicament antalgique comparable à l'aspirine, au paracétamol ou aux anti-inflammatoires. Cela s'explique : là où la médecine allopathique donne au corps une molécule qui agit à sa place, la médecine homéopathique délivre un message subtil qui incite l'organisme à œuvrer lui-même pour la guérison. Or, par définition, les antalgiques agissent en lieu et place de nos équipements biologiques.

●●● POUR EN SAVOIR PLUS

> Les médicaments homéopathiques sont fabriqués à partir de dilutions infinitésimales de substances minérales, animales ou végétales : phosphate tricalcique pour Calcarea phosphoricum, abeille pour Apis, et anémone pulsatile pour Pulsatilla par exemple.

> Le nombre figurant sur le tube (5CH, 12CH…) désigne le degré de dilution. Plus il est élevé, plus la dilution est importante.

Pour qu'un traitement homéopathique soigne une douleur, le médecin doit trouver le traitement adapté non seulement à la douleur de son patient, mais aussi à la façon dont celui-ci la ressent.

Traitement personnalisé

Pour choisir les bons médicaments, le thérapeute prend en compte de multiples signes : l'ancienneté de la douleur, sa localisation, sa périodicité, sa « couleur », l'état émotionnel et psychique du patient. Il s'enquiert de ses préférences alimentaires, de son sommeil. Il cherche à savoir si la douleur est plus tenace la nuit ou le jour, au chaud ou au froid, etc.

Il peut ainsi trouver le (ou les) médicament(s) qui correspondent à chaque patient. Pour une douleur de même origine, deux personnes peuvent donc bénéficier de traitements différents. Le résultat est moins rapide qu'avec les antalgiques, mais plus durable.

> Les médicaments homéopathiques se présentent sous forme de granules, de gouttes, de comprimés à sucer (pour les médicaments composés), parfois de pommades (pour les applications locales).

EN DEUX MOTS

* Il n'existe pas d'antalgique homéopathique.

* Pour une douleur de même origine, deux personnes peuvent bénéficier de traitements différents.

57

faites
confiance
aux granules

Pour soulager une douleur chronique avec des granules homéopathiques, consultez un médecin qui saura adapter le traitement à votre cas.
À titre d'exemple, voici quelques médicaments adaptés à des douleurs courantes : maux de tête, rhumatismes, brûlures.

Contre les maux de tête

Les céphalées se soignent différemment selon leur localisation, le moment où elles apparaissent, les modalités, les sensations…
• Si vous avez l'impression d'avoir « un clou dans la tête », prenez Coffea.
• Si votre mal de tête est associé à des sueurs froides, choisissez plutôt Veratrum album.

● ● ● POUR EN SAVOIR PLUS ─────────

> Les douleurs dues à des petites brûlures sont soulagées par Apis si la brûlure est légère, Belladonna si la marque est très rouge, et Rhus toxicodendron si l'on voit apparaître une cloque.
> Les coupures cicatrisent plus vite en prenant Staphysagria si la blessure est bien nette

ou Arnica si les bords sont irréguliers (blessures consécutives à une chute).
> Staphysagria est également conseillé en cas d'intervention chirurgicale pour faciliter la cicatrisation.

• Si la douleur apparaît après un coup de froid, optez pour Belladonna.
• Si elle est due à un épisode de constipation, on vous prescrira Bryonia.
• Si elle siège autour des yeux, Iris versicolor vous soulagera.
• Si elle fait suite à un excès alimentaire, essayez Nux vomica.
• Si elle augmente sous l'effet des courants d'air, Silicea est indiqué.
• Si elle s'atténue à la marche, prenez Pulsatilla.
Ce ne sont là que quelques exemples.

Contre les douleurs articulaires

En ce qui concerne les douleurs articulaires, le tableau est tout aussi vaste. Quelques pistes parmi beaucoup d'autres:
• Si les douleurs sont atténuées lorsqu'il pleut, il faut prendre Causticum.
• Si la chaleur les calme, prenez plutôt Rhus toxicodendron.
• Si elles s'aggravent lors des changements de temps, essayez Rhododendron.
• Si elles surviennent brutalement après un coup de froid, optez pour Nux vomica.
• Si l'articulation est enflée et douloureuse, choisissez Bryonia.
• Si elle est enflée et sans être douloureuse, essayez Apis.

58 essayez les techniques manuelles

Les techniques manuelles ne peuvent pas venir à bout de toutes les douleurs. Mais leur efficacité dépasse le cadre des problèmes articulaires où elles sont trop souvent cantonnées.

Des techniques comme la chiropractie ou l'étiopathie vont plus loin…

●●● POUR EN SAVOIR PLUS

> La chiropractie a été initiée par l'Américain Palmer. Elle bénéficie d'un statut officiel dans les pays anglo-saxons, alors qu'elle n'est pas reconnue comme une pratique médicale en France.

> Les praticiens jouissent pourtant d'une formation sérieuse (six ans d'études).

La colonne avant tout

La chiropractie s'intéresse aux relations entre vos articulations, vos muscles et votre système nerveux. Ces interactions peuvent perturber votre état de santé. La colonne vertébrale retient d'abord l'attention du thérapeute, car c'est par elle que passent les principales fibres nerveuses. Il observera votre posture, votre façon de marcher, il vous interrogera sur vos problèmes et palpera votre corps pour débusquer les zones de blocages. Une fois établi son protocole de soins, il procèdera par manipulations légères… Cela suffit souvent pour faire taire des douleurs dont on n'imaginait pas la cause posturale.

Les rebouteux d'aujourd'hui

L'étiopathie est née de la rencontre entre le savoir ancestral des rebouteux, la chiropractie et la vertébrothérapie. Les étiopathes soignent avec des gestes portant à la fois sur l'ensemble ostéo-articulaire (articulations, ligaments) et les organes (foie, vessie…). Pour trouver leur lieu d'intervention, ils essaient de remonter à la cause de la douleur.

Cette cause est due à une agression externe : erreur alimentaire, stress, pollution, chocs. Ceux-ci provoquent dans l'organisme une première perturbation qui entraîne une série de réactions en chaîne, jusqu'à la douleur. C'est cette première perturbation qu'il convient de trouver et de traiter.

> L'étiopathie a été créée par le Français Christian Trédaniel. Il a suivi une formation de chiropractie aux États-Unis, puis il a recueilli le savoir de nombreux rebouteux avant de mettre au point sa pratique. Il a créé un cursus d'enseignement et formé plus de 200 praticiens.

EN DEUX MOTS

* La chiropractie ou l'étiopathie peuvent venir à bout de nombreuses douleurs.

* Si elles n'ont pas en France de statut officiel, elles sont pratiquées par des thérapeutes sérieusement formés.

59

faites-vous magnétiser

Le magnétisme n'est pas une panacée.

Mais il arrive que les guérisseurs-magnétiseurs

parviennent à soulager les douleurs

récidivantes, même si on ne sait pas encore

très bien comment cela fonctionne.

En tout cas, on ne risque rien à essayer !

Une tradition ancienne

En France, le magnétisme est une tradition très ancienne. Dans la seconde moitié du XVIIIe siècle, Anton Messmer a été le premier à parler ouvertement de magnétisme. Aujourd'hui, nos campagnes comptent encore des magnétiseurs qui transmettent par leurs mains une énergie susceptible de soigner et de soulager la douleur.

Des recherches ont montré que nous avons tous, dans le bout des doigts, des cristaux de magnétite capables de capter

● ● ●   P O U R   E N   S A V O I R   P L U S ——————————

> Il n'existe pas de formation au métier de guérisseur-magnétiseur. Le savoir est transmis de manière initiatique.

> Le seul gage de sérieux d'un magnétiseur est son éthique personnelle. Il existe des charlatans et des praticiens très sérieux.

> Fuyez les magnétiseurs qui recrutent par petites annonces ; préférez le bouche-à-oreille ou adressez-vous au principal organisme qui les recense, le GNOMA, à Paris.

le champ magnétique terrestre et de le transmettre. Il semble que les magnétiseurs ont dans le bout des doigts plus de cristaux de magnétite que les autres.

Que la force soit avec vous !

La force transmise par les mains du magnétiseur calme les pathologies dues au stress, rééquilibre l'organisme, accélère la cicatrisation et surtout, calme les douleurs. Les magnétiseurs avouent ne pas pouvoir soigner tous les troubles. Mais ils disent obtenir des résultats avec les douleurs du zona, les douleurs spasmodiques (colite), les brûlures, l'arthrose, les douleurs inflammatoires, ainsi que les douleurs articulaires (entorses, lumbago, tendinites, sciatiques…).
Si les limites du magnétisme ne sont pas clairement établies, les praticiens sérieux ne soignent pas n'importe quoi et renvoient les gens vers un médecin lorsqu'ils ont des doutes sur la nature de l'affection.

> L'amélioration doit se manifester assez rapidement (trois à cinq séances) et le guérisseur ne doit pas vous demander une somme exorbitante.

EN DEUX MOTS

* Le magnétisme peut venir à bout de certaines douleurs.

* Pour éviter les charlatans, fiez-vous au bouche-à-oreille.

60 n'abusez pas des médicaments !

Analgésiques et anti-inflammatoires sont à réserver aux moments de crise. Pris trop régulièrement, ils perdent de leur efficacité.

Les analgésiques : d'utilité ponctuelle dans les douleurs aiguës et dans les épisodes intenses des douleurs chroniques, il vaut mieux éviter d'en faire la seule arme antidouleur. Leur consommation pose des problèmes à long terme : ils n'agissent pas sur le trouble lui-même, ils se contentent de faire taire la douleur. Ils ont des effets secondaires : l'aspirine provoque saignements et douleurs d'estomac, certains posent des problèmes digestifs. Les plus puissants, comme les opiacées, sont réservés à la prescription médicale.

Les anti-inflammatoires : ce sont les corticoïdes et les anti-inflammatoires non stéroïdiens. Les premiers peuvent provoquer des troubles métaboliques et endocriniens sérieux (œdèmes, problèmes d'assimilation du glucose, troubles digestifs, ou neurologiques…). Les seconds agissent à la fois sur la douleur et sur l'inflammation, mais provoquent des problèmes digestifs, parfois graves.

● ● ● POUR EN SAVOIR PLUS

> Les corticoïdes perturbent l'assimilation des protéines et la régénération osseuse. En cas de traitement prolongé, il faut se supplémenter en zinc, en calcium et en vitamine D.

> L'aspirine inhibe l'absorption de la vitamine C. En cas de consommation régulière, prenez des suppléments vitaminiques.

EN DEUX MOTS

* Les antalgiques et les anti-inflammatoires ne sont pas les seuls traitements possibles dans les douleurs chroniques.

* Évitez d'en prendre régulièrement.

point de vue

« Depuis l'âge de vingt-cinq ans, j'ai des névralgies faciales terribles. J'ai mal parfois à m'arracher le visage. J'ai subi quantité d'analyses et d'examens, mais personne n'a vraiment trouvé la solution. Alors, je vis avec mes douleurs. Au fil des années (j'ai maintenant près de quarante ans), j'ai trouvé des solutions qui me permettent aujourd'hui de ne presque plus souffrir. Je consulte régulièrement un acupuncteur, et cela me soulage pour plusieurs semaines. J'ai aussi rencontré un magnétiseur, mais il est installé à six cents kilomètres de chez moi et je ne le vois qu'une fois par an. Il me fait pourtant beaucoup de bien et c'est quelqu'un pour qui j'ai beaucoup d'estime. Il refuse d'ailleurs de fixer un tarif et les gens le paient comme ils le veulent, en espèces ou en nature. Bien sûr, il m'arrive de prendre des antalgiques dans les moments où la douleur est très forte. Mais ce n'est pas tout le temps, loin de là. Je les réserve aux moments de crise ! »

carnet d'adresses

» Acupuncture

Association européenne
d'acupuncture
167, rue de la Convention
75015 Paris
Tél. : 01 58 45 13 74

» Diététique
et alimentation

Institut français
pour la nutrition
71, avenue Victor Hugo
75016 Paris
Tél. : 01 45 00 92 50

» Homéopathie

Syndicat national
des médecins homéopathes
français
60, bd Latour-Maubourg
75007 Paris
Tél. : 01 44 18 62 23

Syndicat de la médecine
homéopathique
43, rue de la Belle-Image
94700 Maison-Alfort
Tél. : 01 43 96 59 45

» Massages
et rééducation posturale

Syndicat national des
masseurs kinésithérapeutes
rééducateurs
15, rue de l'Épée de Bois
75005 Paris
Tél. : 01 45 35 82 45

» Naturopathie

CENATHO naturopathie
173, bd du faubourg
Poissonnière
75009 Paris
Tél. : 01 42 89 09 78

» Plantes

Société française
de phytothérapie
19, bd Beauséjour
75016 Paris

Collège de phyto-
aromathérapie
127, bd Malesherbes
75017 Paris
Tél. : 01 42 67 24 93

» Qi gong

Institut européen
de qi gong
Bastide des Micocouliers
1940 route de Galice
13090 Aix-en-Provence
Tél. : 04 42 20 40 86

» Thalassothérapie
et thermalisme

Maison du thermalisme
32, avenue de l'Opéra
75002 Paris
Tél. : 01 44 71 37 00

Maison
de la thalassothérapie
5, Rue Denis Poisson
75017 Paris
Tél. : 01 45 72 38 38